AF337990

PRÉCEPTES POLITIQUES

A l'usage d'une Monarchie, par M. le Chevalier De Sade, auteur de l'Art de faire des lois.

N.° 1.

A PARIS,

CHEZ LAMY, LIBRAIRE,
Quai des Augustins, n.° 21.

PUBLIÉ LE 1.er MAI 1822.

PRÉCEPTES POLITIQUES

A L'USAGE

D'UNE MONARCHIE;

PAR M. LE CHEVALIER DE SADE

AUTEUR DE L'ART DE FAIRE DES LOIS.

IMPRIMERIE DE C. J. TROUVÉ,
Rue Neuve-Saint-Augustin, n. 17.

PRÉCEPTES POLITIQUES

A L'USAGE

D'UNE MONARCHIE;

PAR M. LE CHEVALIER DE SADE,

AUTEUR DE L'ART DE FAIRE DES LOIS.

Si j'étais roi, je voudrais être juste;
Et tous les jours de mon empire auguste
Seraient marqués par la stabilité
D'un règlement que j'aurais décrété.

PARIS,

Chez
Treuttel et Wurtz, en leur maison de commerce de Paris, de Londres et de Strasbourg.
Delaunay, libraire au Palais-Royal, n° 243.
Ladvocat, *id.* *id.* n° 195
Rey et Gravier.
Arthus Bertrand.
Lamy, libraire, quai des Augustins, n° 21.
Corbet *id.* *id.* n° 61.

1822.

AVIS DU LIBRAIRE.

Cet ouvrage, de vingt-cinq à trente feuilles, grand in-8°, sera divisé, pour la commodité du public, en livraisons de quatre à cinq feuilles chacune, qui paraîtront successivement et sans délai. L'on mettra, à la fin de chaque chapitre, la table des articles qui y seront contenus.

Le prix de cet ouvrage, tiré seulement à trois cents exemplaires, et dans le plus court intervalle, sera de 35 centimes par feuille de seize pages, et 40 centimes, franc de port, dans tout le royaume.

PRÉFACE.

Cicéron nous apprend (1) que *Panœtius* disait
« qu'avant de se mettre à l'ouvrage, il y avait
» trois choses à considérer :

» 1° Si ce que l'on compte écrire convient à
» un honnête homme, ou s'il en est indigne ;

» 2° S'il sera utile ou nuisible ;

» 3° Enfin, lorsqu'il paraît qu'on ne peut pas
» accorder l'honnête et l'utile avec les intérêts
» et la tranquillité de l'écrivain, quel parti faut-
» il prendre ? »

Un bon citoyen ne balance pas quand il s'agit
du bien de l'État ; il se sacrifie volontiers pour
éclairer et détourner ses compatriotes qui s'a-
vancent à grands pas vers un abîme de maux.
Périsse l'auteur, plutôt que les renseignemens
qu'il croit utiles à son pays.

---

(1) Lettres de Cicéron à Atticus ; lettre XIme, livre XVI.

On ne contestera pas , j'espère, l'honnêteté des intentions de l'auteur, ni l'utilité de quelques-unes de ses réflexions, renfermées dans cet ouvrage; ainsi, sous ce double rapport, il a rempli les deux premières conditions *décrétées* par *Panœtius* : quant à la troisième, il s'en tient à sa conclusion.

PRÉCEPTES POLITIQUES

A L'USAGE

D'UNE MONARCHIE.

CHAPITRE Ier.

MOYENS DE PARVENIR DANS UNE MONARCHIE.

Tout chemin mène à Rome,

AMBITION.

Désir immodéré d'attraper les premières places dans la carrière
que l'on parcourt.

CETTE passion travaille également les grands et les petits, les
âmes fortes et les esprits faibles. Necker, commis à 1,200 fr.,
chez le banquier Thélusson, était aussi *ambitieux* que Jules-
César le fut quand il commença sa carrière révolutionnaire
dans les tripots de Catilina.

L'ambition de tout homme de bien, dans quelque situation qu'il se trouve, est de se distinguer par son savoir, son zèle et son exactitude à remplir dignement ses devoirs. Un prince qui n'est point *ambitieux* de voir ses États bien gouvernés, est donc un corps sans âme, un prête-nom de la royauté, plutôt qu'un roi.

En chassant l'apathie du trône, cette passion n'est pas toujours mue par des motifs si purs et si religieux que ceux que nous venons d'énoncer : elle a ses écarts comme les autres, et les suites funestes de l'ambition sont aussi multipliées dans l'histoire des empires, que dans celle des simples particuliers.

Quoique l'ambition soit plus ou moins nécessaire au chef de l'État, le but qu'elle se propose d'atteindre diffère, selon le caractère du prince, la nature du gouvernement et les circonstances où il se trouve.

L'ambition de Lycurgue fut de métamorphoser, tout d'un coup, des hommes efféminés et relâchés dans leurs mœurs, en soldats durs, féroces, n'estimant que les vertus et les occupations du guerrier, dédaignant les conquêtes, foulant aux pieds les connaissances humaines, et se mettant au-dessus des douleurs corporelles, des richesses, des jouissances et des vanités de ce monde, et n'ayant d'autre désir que de mériter l'estime et la considération de leurs concitoyens (1).

---

(1) L'ambition de Lycurgue fut criminelle ; il n'est jamais permis de renverser la Constitution d'un pays, pour la rétablir sur un nouveau plan, fût-il le meilleur possible.

Où en serait-on, si les novateurs optimistes obtenaient ce privilége en fait de gouvernement ? aussi la politique et l'histoire n'ont absous Lycurgue, qu'après les sept cents ans de succès qu'a eu son entreprise.

Numa et Saint-Louis, ces grands rois d'un peuple barbare, mirent leur AMBITION à consolider leur pouvoir par la religion, la justice et des établissemens utiles, durables et si bien conçus, qu'à la longue, leurs heureux effets sont devenus une des causes principales de la prospérité de leur empire respectif, dont ils avaient été, pour ainsi dire, les premiers législateurs.

Cette AMBITION sage et glorieuse, dans un prince, n'a pas été autant prisée par les historiens qu'elle méritait de l'être; mais ils en reviendront, quand les vrais principes de la politique seront mieux connus et plus usuels chez les personnes qui s'occupent de la science du gouvernement.

Sésostris et Charles XII, despotes d'un gouvernement mû par une impulsion militaire, eurent l'AMBITION de sortir de leur pays pour dicter des lois aux autres, et illustrer leur nom par le succès de leurs armes. Ils réussirent en partie; mais après eux, quel fut le sort de leurs États réspectifs?

Plusieurs siècles suffisent, et au-delà, pour établir la prescription, réhabiliter la mémoire d'un coupable, et le retirer du cours de la justice ordinaire. Lycurgue n'avait en sa faveur que ce seul moyen de défense; mais il ne pouvait pas le donner à ses contemporains : aussi, ils l'eussent lapidé, s'il ne se fût pas réfugié dans le temple d'Apollon; et si, par accommodement, il n'avait pas eu l'adresse, avant de partir, de faire jurer aux Lacédémoniens de ne rien changer, jusqu'à son retour, à la nouvelle Constitution qu'il venait de leur donner; et il ne revint plus.

Que fussent devenus ses institutions, la république des Spartiates, et Lycurgue lui-même, si en vrai philosophe, il eût commencé ses opérations législatives par rendre ridicule l'asile des temples, les dieux de son pays et la religion du serment?

Ils finirent par rentrer dans leurs limites primitives, quelquefois avec perte de terrain, et toujours affaiblis par les suites
des exploits mémorables de leur prince immortel.

En faisant la conquête de la Perse, la Macédoine fut perdue
à jamais par l'AMBITION et les conquêtes d'Alexandre, son
roi.

Les princes ne sont pas toujours les maîtres de consulter
leur goût pour se livrer à un genre d'AMBITION de leur
choix; ils sont souvent forcés par les circonstances d'en suivre
qui convient moins à leur caractère, qu'à la position où ils
se trouvent. Louis XVI a été perdu, faute de se soumettre à
cette maxime impérieuse. Il se fût sûrement sauvé, lui et son
royaume, si, en 1788, il eût mit son armée en campagne,
et eût adopté, contre son gré, l'AMBITION d'agrandir ses
États (1) aux dépens de ses voisins. Peu importent après les
succès ou les revers de ses généraux : la guerre et la banque-
route, qui en étaient la suite, cassaient la trame des factieux,
affermissaient le roi sur son trône, remettaient les Français
dans leur assiette ordinaire, rendaient la santé à leur gouvernement, et ajoutaient pour ce royaume quelques siècles de
plus à sa force et à son existence. D'un autre côté, il est très-
douteux que Buonaparte se fût soutenu deux ou trois ans,
s'il n'avait pas eu l'AMBITION d'un conquérant, et qu'il eût
préféré de jouer dans l'histoire le rôle d'Auguste à celui
d'Attila.

Les médecins s'accordent à nous représenter les indi-

---

(1) Les troubles, à cette époque, qui s'étaient élevés en Hollande
et dans le Brabant, donnaient un prétexte bien plausible à com-
mencer une nouvelle guerre.

gestions de pain comme les plus dangereuses. Les meilleures choses deviennent les plus nuisibles, quand on exagère leur proportion, ou qu'on les prodigue à trop forte dose. L'ambition rentre dans cette règle générale, qui est sans exception. Les noms les plus illustres lui doivent leur éclat; et, sans l'ambition, il n'y aurait peut-être jamais eu de grands hommes dans le monde.

Puisque cette passion agit si puissamment sur le cœur des hommes, un législateur sage ne songera pas à l'exclure de son administration; car la vraie sagesse consiste à n'entreprendre que ce qu'on peut réaliser. Il négociera donc avec elle, il posera des digues, des préjugés capables de contenir dans certaines bornes les ambitieux de son empire, et il sera attentif, en même temps, à laisser assez de latitude à leur énergie pour, dans l'occasion, en tirer des services essentiels.

Les distinctions héréditaires, les charges vénales, l'ordre du tableau, jusqu'à une certaine élévation dans quelques corps nombreux; des conditions d'âge, de naissance, d'état de personnes et de leurs parens; une hiérarchie et des formes d'avancement suivies à la rigueur, sans bénéfice de dispense et autres infractions à la loi; l'obligation stricte de passer un temps déterminé dans un noviciat nommé à cet effet, avant de pouvoir occuper telle ou telle place, sont autant de gradins qui obligent les ambitieux de s'élever à pas comptés et de s'arrêter, quand ils arrivent à un certain terme, sans songer qu'il leur soit possible d'aller plus loin.

Depuis l'abjuration d'Henri IV, l'ambitieux le plus effréné a-t-il jamais pensé, avant 1791, de monter sur le trône de France? Le cardinal de Richelieu, si puissant sous Louis XIII, eut l'ambition de s'emparer de l'autorité de son maître, mais non pas de sa place, et jamais il ne s'imagina de se faire déclarer roi de France.

La force des préjugés reçus chez un peuple devient aussi une grande entrave aux projets des AMBITIEUX, et retient les écarts de leurs prétentions. Sylla, Cromwell n'osèrent point se montrer revêtus de la pourpre royale, à cause de la haine que leurs concitoyens portaient alors à ce titre. Cette discrétion ne les rendit ni meilleurs, ni despotes moins puissans. Mais la force des préjugés les retint aux pieds du trône, quand ils n'avaient plus qu'un pas à faire pour s'y asseoir.

L'appétit vient en mangeant. Cette expression proverbiale s'applique parfaitement aux AMBITIEUX. La prudence exige donc de se précautionner d'avance contre les suites funestes de leur gloutonnerie. Ces sortes de caractères ne sont jamais satisfaits. Parvenus au-delà de leurs premières espérances, l'envie de s'élever davantage ne les en tourmente pas moins; et aucune accumulation de pouvoirs, d'honneurs et de richesses, n'est capable de les rassasier. Les empereurs romains, maîtres suprêmes du monde connu de leur temps, se persuadèrent qu'ils étaient dans un étage trop bas, en n'occupant que la première place, dans l'ordre de la hiérarchie humaine : ils eurent l'AMBITION d'être Dieu, d'avoir des autels et un culte qui leur fut consacré.

La voracité de ces insatiables s'augmente considérablement par les succès de quelques-uns d'entre eux. Un roi renversé de son piédestal, donne à tous les aventuriers l'AMBITION d'y monter à sa place, et de renverser autant de trônes qu'ils pourront, afin d'avoir plus de chances d'attraper un royaume, dans le partage de leur butin. On voit, dans tous les États déréglés, de ces fluctuations journalières porter aux premiers rangs des personnes, qui la veille, se seraient crues fort heureuses d'occuper une des avant-dernières places de la société. Ces promotions si rapides et inattendues, se font toujours au détriment de la stabilité et de la prospérité de l'Etat. Les révolutions les opèrent, et en même temps, elles favorisent beaucoup le retour des révolutions nouvelles.

Si nous suivons avec attention les antécédens de ces grandes catastrophes intérieures, qui ont abîmé les empires, nous les verrons presque toujours précédées par de petites révolutions réitérées, que les ministres, les inspecteurs, les chefs de corps, enfin, les distributeurs de grâces, se sont permis de faire contre les règles reçues en faveur des parculiers en crédit, qu'ils avançaient, sans raison, de préférence à ceux qui y étaient nommés pour ainsi dire de droit, par les usages et les traditions des corps dont ces protégés dépendaient.

Ces substitutions du caprice aux règles établies dans les habitudes des différentes corporations, sont autant de petites révolutions qui, si l'on n'y prend garde, et que sans égard on les multiplie légèrement et avec trop de profusion, en amènent de plus grandes par la suite. Elles apprennent qu'une bonne conduite, l'estime d'un corps, des services soutenus, ne sont rien en comparaison du crédit; que le crédit est tout, et qu'il ne faut avoir que du crédit pour obtenir les places les plus importantes de l'État. Qu'au sortir du collège le fils d'un grand seigneur ou d'un petit commis de bureau, a, dans quelque corps que ce soit, des droits d'avancement au-dessus de ses camarades qui ont blanchi, avec distinction, dans le métier qu'il va exercer pour la première fois. Heureux! quand pour la forme on leur prescrit un noviciat très-court, et dans lequel ils sont censés acquérir les connaissances nécessaires, pour remplir passablement l'emploi qu'on leur confie. Arrivé de bonne heure au faîte de l'état où on l'a placé, ce jeune AMBITIEUX ne soupire, pour en profiter, qu'à voir des évènemens et des chances favorables qui lui donnent l'espérance de monter encore plus haut.

Par sa nature, l'AMBITION tend continuellement à s'élever; elle ne s'arrête jamais de son consentement et de bon gré. Il faut que l'âge, les infirmités, des disgrâces complètes, ou des obstacles invincibles obligent les hommes qu'elle possède, de rester en repos; sans cela, ils s'agitent et se tourmentent sans cesse, pour faire toujours quelques pas en avant. Le mouvement, les tracas, des adversaires à déjouer, des ennemis à combattre, des prétentions à faire valoir, des désirs effrénés à réaliser, sont des élémens indispensables à l'existence d'un AMBITIEUX; et le martyre le plus insupportable à ses yeux, serait de mener la vie tranquille d'un sage satisfait de ce qu'il a.

On aurait cru, par exemple, Buonaparte, lieutenant d'artillerie, au comble de ses vœux, quand il se vit au faîte des honneurs, à la tête d'une armée victorieuse. Craint et recherché par les souverains de l'Europe, il résolut d'étendre sa gloire et son autorité sur ceux de l'Asie et de l'Afrique. Commandant trente ou quarante mille hommes, il descend et s'annonce chez les Orientaux, comme un successeur de Mahomet, envoyé de Dieu pour rétablir sur sa tête le règne des Califes dans sa première splendeur, et faire rentrer sous leur domination des peuples qui, depuis des siècles, en avaient été soustraits par les Turcs, les Persans et divers princes de la terre. Maître de l'Égypte, dans un clin d'œil, les limites de ce royaume si célèbre, lui parurent trop étroites. Il traverse les déserts et somme l'Asie de se soumettre à ses ordres; mais les difficultés qu'il rencontra sur sa route, le dégoûtèrent bientôt de jouer le rôle de prophète conquérant; il abandonna, sans façon, ses compagnons d'armes, et revint en France, où l'on pensa satisfaire son AMBITION, au-delà même de ses espérances, en faisant une nouvelle Constitution tout exprès pour lui, qui le proclamait despote suprême de cette république, une et indivisible, au nom de laquelle il avait agi jusqu'alors, et dont le territoire s'était beaucoup agrandi depuis la révolution. Assis sur le trône de nos rois, il dédaigna ce titre comme trop mesquin, et peu convenable au rang où il s'était élevé; et, du haut de sa grandeur, il exigea qu'on lui donnât celui d'*Empereur des Français*.

Son imagination ne tarda pas à vouloir davantage. Buonaparte se trouva trop gêné dans un espace de je ne sais combien de millions de lieues carrées. Il lui fallait toute l'Europe pour y être à son aise; encore, dans le doute qu'elle ne lui suffît pas, il prenait ses précautions afin, qu'en cas de besoin, il pût s'emparer du monde entier, et compter la totalité du genre humain au nombre de ses sujets. Si le succès eût toujours répondu à ses désirs, son âme AMBITIEUSE n'en eût pas moins été tourmentée et enragée, quand il aurait éprouvé les contrariétés de la force d'attraction qui, par des liens invincibles, le retenait sur la terre, et l'empêchait de joindre le soleil, la lune, les planètes et toutes les étoiles à son empire, et de régir despotiquement l'univers avec ses décrets et ses boutades. Cette soif inextinguible d'honneurs et d'autorité est le caractère distinctif de l'AMBITION.

Les prétentions des AMBITIEUX augmentent à mesure qu'ils acquièrent davantage; plus on leur accorde, plus ils

exigent; et ils ne cessent d'être indiscrets que quand on n'a
plus rien à leur céder. Il est par conséquent dangereux
d'assouvir trop tôt l'AMBITION d'un jeune homme. Les petits esprits y prennent une habitude de fatuité et de suffisance
insupportable dans la société, qui leur nuit beaucoup,
ainsi qu'aux affaires dont ils sont chargés. Les autres, nés
avec plus de génie, et forcés, pour ainsi dire, d'avoir de
l'AMBITION par les emplois importans dont on les a accablés
de bonne heure, se croyent des êtres surnaturels trop res-
serrés dans la sphère où ils se trouvent; dans leur humeur
chagrine, ils tourmentent leurs subalternes, tracassent leur
administration, et à la moindre lueur d'espérance, ils renversent tout, ne respectent rien si, d'après leur calcul, ils
imaginent que de ce bouleversement universel, il en sortira
des escaliers qui leur permettront de s'élever davantage,
et d'agrandir le rayon du cercle de leur importance politique.

« Il est donc bon d'escarper les degrés de l'AMBITION
» pour rallentir sa course, et mettre la carrière sociale en har-
» monie avec la vie humaine; sans cela, l'une étant complète,
» lorsque l'autre n'est qu'entamée, il reste à l'homme du
» champ à désirer, quand il ne lui reste plus de buts légaux
» à atteindre (1) »

----

(1) *Conservateur*, troisième volume, vingt-septième livraison,
pag. 37.

AMBITION SUBALTERNE.

« L'ambition du crédit, de l'opulence et des vains hon-
» neurs, voilà bien plus que le désir de la renommée, ce
» qui fait rechercher les grandes places avec tant d'ardeur
» dans une cour futile et corrompue ; voilà ce qui, tant de
» fois, la peuple d'hommes médiocres, qui, chargés des
» destins et de la gloire de l'État, ne s'occupent que de
» l'agrandissement de leur maison, de l'augmentation de
» leur fortune, et bravent, en accumulant sur eux les di-
» gnités, le cri public qui les condamne (1).

» Les ministres (2) n'y meurent pas comme autrefois d'une
» AMBITION rentrée ; cette maladie a beaucoup perdu de
» son intensité, depuis que ces grands fonctionnaires ne con-
» sidèrent et ne placent qu'en seconde ligne l'honneur, dans
» l'exercice de leurs fonctions ; on n'y intrigue que pour avoir
» de l'argent et de vains titres : les vrais AMBITIEUX y sont
» rares. On recherche des places, où l'on ne se flatte pas de
» se maintenir ; mais l'opulence qu'elles auront procurée,
« consolera de la disgrâce. Nos aïeux aspiraient à la gloire
» toute nue : ce n'était pas, si l'on veut, le siècle des lumières,
» mais c'était celui de l'honneur. »

Quel oubli de soi-même ! que de vouloir à toute force
montrer au public sa nullité ou sa turpitude, pour de l'argent ! Pourquoi avons-nous vu et voyons-nous encore tant
d'hommes en place, qui n'ont jamais eu d'autre AMBITION ?

---

(1) *Esprit militaire.* Paris 1785, pag. 303.

(2) *Bibliothèque royaliste,* tom. 2, pag. 12

INTRIGUE.

~~~~~~

Instrument des plus usuels, dans les manèges de la grande
et de la petite ambition.

L'INTRIGUE est l'art qu'emploie un individu pour quêter, rallier, réunir, amener et faire concourir les *bonnes volontés* des uns et des autres, en faveur de son avancement, ou de la réussite de ses projets ultérieurs.

Les INTRIGUES naquirent avec les premières sociétés. Dès ce temps-là, les amans INTRIGUAIENT pour voir et entretenir leur maîtresse; on s'INTRIGUAIT auprès des parens de la fille qu'on désirait épouser, afin qu'ils se prêtassent de *bonne volonté*, et employassent leurs bons offices pour réussir plus sûrement à contracter l'alliance qu'on voulait faire avec leur famille; on INTRIGUAIT pour qu'un ou plusieurs individus eussent *la bonne volonté* de vous servir, soit dans vos amours, soit dans vos affaires, ou dans chacune de vos fantaisies ou de vos prétentions.

Beaucoup de gens confondent l'INTRIGUE avec la *politique*: en effet, ce sont deux compagnes qui marchent souvent ensemble; mais il s'en faut de beaucoup qu'elles ne fassent qu'une seule et même personne.

La *politique* est une science: l'INTRIGUE n'est qu'un *métier*, ou tout au plus un *art* dans certaines occasions.

Le *politique* s'empare de la volonté d'un certain nombre
~~~~~~

d'individus; il les réunit en corps, les organise, et les force d'agir d'après ses intentions : l'INTRIGANT se contente d'accaparer la *bonne volonté* d'une ou de plusieurs personnes, et de les déterminer à le servir selon ses desirs.

La *politique*, avec le regard de l'aigle, considère l'ensemble du terrain, sur lequel elle veut fonder son empire. Elle reconnaît le fort et le faible de chacun des points qu'elle aura à parcourir, ainsi que les talens et le caractère des ouvriers qu'elle sera forcée d'employer dans les situations différentes où ses entreprises pourront la conduire; elle combine ses ressources avec les obstacles qu'elle aura à surmonter; trace d'avance la forme et l'emplacement des ouvrages qu'elle compte construire, et détermine la nature des usines et des établissemens les mieux assortis, afin de les corroborer les uns par les autres, d'en faire un ensemble dont toutes les parties s'aident et se défendent mutuellement; et par la supériorité de son génie et de sa prévoyance, elle parvient enfin à se ménager des forces, tant actives que passives, qui maintiennent l'ordre dans son gouvernement, assurent et accélèrent la réussite de ses projets, augmentent et consolident, de jour en jour, son autorité et son influence.

L'INTRIGUE a la vue plus raccourcie, ses regards ne s'étendent pas si loin; elle rampe plus souvent qu'elle ne s'élève. S'agitant sans cesse, louvoyant dans tous les sens et fuyant les routes fréquentées, l'INTRIGANT cherche de côté et d'autre, des voies détournées qui puissent le conduire à ses fins. Soit habitude ou faute de moyens, il préfère les menées sourdes et ténébreuses de la taupe, à la marche audacieuse de l'aigle qui aperçoit, embrasse, domine et retient dans la crainte de sa toute-puissance, les êtres qui se trouvent dans la sphère de son activité.

La conception de la *politique* est plus forte et ses prétentions plus étendues. Elle *se place au centre d'un vaste ensemble; elle y ramène les fils de toutes les* INTRIGUES éparses qui flottent dans le vague de la société qu'elle projette d'assujétir. Quoique les léviers qui dirigent ces différentes cabales ne soient pas de la même nature, qu'ils agissent diversement entre eux, et souvent en sens contraire les uns des autres, elle n'en détermine pas moins leurs mouvemens, et fait concourir leurs efforts communs vers le but que son ambition lui prescrit d'atteindre.

L'INTRIGUE est plus circonspecte; ses démarches sont plus mesurées, ses pensées plus rétrécies, et ses prétentions plus bornées. Elle ne songe point à *se placer dans le centre de ce vaste ensemble, et d'être le directeur suprême de tous les fils qui y aboutissent.* Il lui suffit de s'accrocher ou de se traîner, pas à pas, le long de quelques-uns de ces cordons, afin d'augmenter son aisance et sa petite considération, en approchant autant qu'elle peut, de ce *point dominant,* dont la possession comble les vœux de la *politique.*

Le grand *politique* prime et domine les INTRIGUES; et le plus fameux INTRIGANT s'honore de servir le grand *politique.*

La *politique* crée les choses et les hommes dont elle a besoin : l'INTRIGUE ne crée rien, mais elle tâche de profiter adroitement des choses et des hommes qui peuvent la servir; l'une a des vues plus fortes, plus profondes, plus étendues, plus téméraires et plus sujettes à égarer. Celle de l'autre sont plus courtes, plus attentives, plus sûres et moins sujettes à lui faire illusion; la première prétend que tout plie devant elle, qu'on se soumette à ses volontés,

qu'on adopte ses systèmes, et qu'on la serve dans l'exécution de ses projets; la seconde, plus souple, plie devant
tout le monde, subordonne sans difficulté ses volontés à
celles de ses *patrons*, adopte leurs systèmes et s'empresse
de les servir, ou plutôt de leur persuader qu'elle leur est nécessaire pour assurer le succès de leurs entreprises : en un
mot, tout lui est égal, pourvu qu'elle y trouve son intérêt,
ou qu'elle aperçoive quelques espérances de gain à la suite
de ses menées.

Le *politique* est un maître impérieux, l'intrigant n'est
qu'un bas valet; *l'homme d'état*, plus hardi et plus gros-
sier, se sert quelquefois avec succès d'une langue particu-
lière et se permet des manières contraires aux usages reçus; l'intrigant plus *philinte*, plus poli, plus soigné dans
ses propos et dans ses démarches, est plus réservé et se
conforme avec des soins étudiés au langage et aux manières
de ceux dont il a besoin.

Julie *de Brunswick-Wolfembuttel*, femme de Frédéric V,
mère de Christiern VII, et reine douairière de *Danne-
marck*, parla le langage d'une *politique* profonde, quand
elle dit au comte de Rantzau : Struensée *ne sait prendre que
des demi-mesures; il est inévitablement perdu : il devait m'or-
donner de rester à* Fréderisborg, *et reléguer Votre Excellence
dans ses terres.* C'est dans cette conférence que la perte de
Struensée et de *Brandt*, son ami intime, fut résolue, et peu
de temps après réalisée.

Le prince royal *Frédéric*, petit-fils de la reine *Julie*, était
présent à cette conversation. Le comte de *Rantzau* avait
toujours été l'ami intime du roi, et en opposition ouverte
avec la reine sa mère. Aussitôt que ce seigneur fut parti, le
petit prince qui avait gardé le silence pendant cet entre-

tien, demanda à sa grand'mère comment elle avait pu témoigner tant d'amitié à un homme, pour lequel son cœur éprouvait une haine si invétérée ; *c'est que je médite sa perte*, répondit-elle. Ce propos est la répartie sincère d'une INTRIGANTE perfide.

L'hypocrisie et la duplicité sont des qualités essentielles et indispensables à L'INTRIGANT : le grand *politique* peut s'en passer. Un habile INTRIGANT ne se présente jamais que masqué sous un *domino*, dont la forme et les couleurs soient agréables aux personnes dont il veut capter les suffrages, afin qu'elles se prêtent avec zèle et de *bonne volonté* à le favoriser dans l'exécution de ses desseins.

L'INTRIGUE se plaît dans les *imbroglios* : elle forme des brigues, les recrute, les agite et les entretient dans une activité continuelle. Le génie de la politique les voit dans leur ensemble, il approfondit la nature et le caractère de chacune d'elles, et il calcule le parti qu'il peut en tirer. Il étudie les points de contact et de divergence de celles qui l'intéressent ; il prend les rênes de leur gouvernement et les conduit sans qu'elles s'en aperçoivent ; il dirige leur marche ; il profite de leurs menées ; il déjoue leurs finesses, et les enlace dans les filets qu'elles ont tissus elles-mêmes, avec beaucoup de soins et de dépenses ; il les y empêtre, et fait tourner à son avantage les cabales qu'elles avaient formées contre lui.

Dans l'exemple que nous venons de citer, le comte de *Rantzau* ne fut qu'un INTRIGANT assez habile pour tramer une brigue et travailler les troupes. Il dut ses succès, en grande partie, à la réputation de son courage et de sa générosité, à la splendeur de son nom, à son influence sur le militaire, qui déterminèrent les officiers subalternes et les soldats à prêter leur secours à une entreprise qu'ils croyaient être dans les intérêts de leur roi captif. Mais *Julie* développa le caractère d'un grand *politique*, en se liant avec ses ennemis, en feignant d'entrer dans leurs vues et de les mettre dans sa confidence intime, favorisant, excitant la *conspiration* qu'ils projetaient, et après leur triomphe, en écrasant les *conspirateurs*, et rester seule, profitant de leur crime et du fruit de leurs INTRIGUES.

Elle eut une petite distraction avec son petit-fils, en lui confiant indiscrètement ses projets sur le sort futur qu'elle préparait au comte de *Rantzau*; mais par bonheur pour elle, *cette intempérence de langue* ne lui porta aucun coup.

L'INTRIGUE conduit quelquefois à de grandes placés des hommes médiocres, mais elle ne leur apprend pas à s'y soutenir. *Julie*, parvenue au pouvoir suprême par la réclusion de la reine *Mathilde*, sa rivale, et le supplice des anciens favoris du roi son fils, ne sut pas se maintenir dans ce poste élevé. Elle en fut chassée par le *prince royal*, son petit-fils, qui depuis n'a plus cessé de régner sous le nom de *prince régent*, et après sous celui de roi légitime, à la mort de Christiern VII son père. Cette reine douairière se montra, dans cette occasion, plus *politique* que le comte de *Rantzau*; mais elle ne le fut pas assez pour conserver le trône dont elle s'était emparé, et qu'elle gouverna souverainement pendant une douzaine d'années (1). Car c'est toujours par sa faute, si un prince régnant se laisse détrôner autrement que par des puissances étrangères.

Dominé par son imagination, et trop confiant dans la

______

Depuis le 10 août 1772, jusqu'au 14 avril 1784.

force de ses moyens, le grand *politique* devient souvent l'esclave de son ambition et la dupe des projets qu'il entreprend. L'INTRIGUE est ordinairement plus exempte d'écarts; elle prend mieux ses précautions, ses prétentions sont plus circonscrites, et ses démarches plus terre-à-terre, ne sortent guère des bornes des routes vulgaires et rétrécies qu'elle s'est tracées. Il est rare qu'elle ne se restreigne pas à parcourir les détours et à fureter tous les coins d'un petit labyrinthe, sans se permettre d'heureuses excursions, et de s'enrichir hors de la sphère dans laquelle elle a l'habitude de se renfermer.

Le grand *politique* reste dans l'obscurité, où il parvient aux premiers rangs, si, chemin faisant, quelque catastrophe ne l'écrase pas. L'INTRIGANT se contente des places intermédiaires; il y monte à la sourdine, et à force de ramper et de se fatiguer, il obtient assez souvent la possession de la sommité d'un ou d'un plus grand nombre de ces tertres qui augmentent l'aisance et la considération de son propriétaire. Il va quelquefois plus haut, et on le voit resplendissant au faîte de la grandeur et du pouvoir.

Dans cette position, le grand *politique* se trouve à sa place : il n'aspirait d'y monter que pour y développer son génie et y faire de grandes choses; L'INTRIGANT a les nerfs trop faibles pour soutenir une pareille élévation. A cette hauteur, *la tête lui tourne;* il succomberait sous le poids de ses réflexions, s'il était capable d'en faire sur l'ensemble des devoirs et des fonctions importantes qu'il a à remplir. S'il désire acquérir des titres et du pouvoir, c'est pour satisfaire sa vanité, se gonfler des hommages qu'on lui rend, et étaler sa fatuité avec insolence. Sous son règne, les affaires majeures de son département se décident sur les plus minces considérations. Sa faiblesse, son ignorance, son impéritie, mises au grand jour, percent de toutes parts; et ses soins, ses menées, ses sollicitudes et l'occupation de sa vie entière ne l'ont conduit qu'à convaincre le public et la postérité que cet INTRIGANT, qui avait obtenu quelque réputation sur ses talens présumés, que cet ambitieux assez adroit pour faire croire, pendant longues années, qu'il était un grand homme d'état, n'avait jamais été qu'un SOT en *politique* et dans l'art de gouverner un royaume. Tel a été le sort du *cardinal de Lomenie* (1). Ce prix est-il donc si flatteur et mérite-t-il qu'on recherche avec tant d'empressement d'être nommé à ces places importantes qui mettent, et pour toujours, en évidence votre turpitude et votre incapacité?

Quoique la *politique* et L'INTRIGUE soient choses très-différentes, elles n'en sont pas moins liées, sur une infinité de points, par des rapports multipliés et intimes. Fondées toutes les deux sur la même base (*le cœur humain*), se servant des mêmes instrumens (*la volonté des autres*), pour atteindre le même but (*l'art d'en profiter et d'en tirer parti*), il est impossible que la *politique* et L'INTRIGUE ne soient pas souvent en contact, et qu'elles puissent toujours marcher à l'écart l'une de l'autre : mais elle se désunissent bientôt si l'on les considère sous le point de vue des motifs qui les

---

(1) M. de Calonne eut pour successeur l'archevêque de Sens, depuis *cardinal de Lomenie*. Ce choix fut applaudi ; on lui connaissait l'habitude de l'administration dans une grande province, des talens secondaires qui pouvaient annoncer les premiers, la soif de toutes les affaires et de toutes les places qui pouvait en faire espérer le génie.

Cahier du hameau de *Madon*, par M. de Themine, évêque de Blois, page 3.

animent et des objets qu'elles convoitent. La *politique* est l'art de maîtriser les hommes en masse; et l'intrigue est celui de se servir avec dextérité de la *bonne volonté* de chaque individu en particulier. En général, la *politique* aggrandit les idées, et l'intrigue les retrécit.

Un architecte animé de la noble ambition d'acquérir une gloire immortelle en élevant des édifices solides, d'un bel effet et bien ordonnés dans toutes leurs parties, relativement à l'objet auquel on les destine, est l'image d'un vrai *politique*. L'intrigant est le commis, le dessinateur, le maçon, ou le simple manœuvre qui, pour tâcher de s'avancer dans l'atelier et se rendre intéressant auprès du maître et de ses sous-employés, les flatte et leur persuade qu'il peut leur être très-utile, et qui les sert, plus ou moins bien, selon son habileté et son mérite particulier.

Si cet être que le génie de l'architecture tourmente, n'est pas un homme puissamment riche, il est obligé d'avoir recours à l'intrigue afin d'intéresser les gens en place en faveur de son plan, et qu'ils en ordonnent l'exécution; c'est la seule manière qu'il a de faire connaître les grandes idées qu'il a conçues, et qui, sans ce secours, resteraient éternellement ensevelies dans ses porte-feuilles, faute de moyens pour les réaliser et les mettre en évidence aux yeux du public et de la postérité. Il en est de même du *politique*. S'il n'est pas né souverain, il lui faut de l'intrigue pour s'élever au pouvoir suprême de sa nation, ou d'une branche quelconque de son gouvernement. Ce ne fut point sans intrigues que le cardinal de Richelieu parvînt à être *premier* ministre en France, et se donner, par là, les occasions fréquentes de déployer les puissans moyens de sa profonde *politique*.

Les princes légitimes les plus despotes, mais les plus habiles, ont, dans plusieurs circonstances, préféré d'employer L'INTRIGUE à la force. Lorsque Louis XIV voulut se défaire de Fouquet, il aima mieux employer L'INTRIGUE pour l'engager à se démettre de sa charge inamovible de procureur général au parlement de Paris, que de la lui ôter de sa pleine autorité. Il était sans doute assez puissant, et il n'avait pas besoin de ce subterfuge; mais il n'eût réussi qu'en occasionnant un scandale public, en violant lui-même une des lois fondamentales de ses propres états. Il voulut l'éviter, et en *politique* prévoyant, ce prince saisit cet exemple pour prouver qu'il exigeait qu'on porta le plus grand respect aux priviléges des corps et aux institutions de son royaume en général, en augmentant la considération de ses parlemens et de ses cours judiciaires en particulier. (a)

Le *politique* et l'architecte ont donc besoin de l'INTRIGUE pour se faire connaître et être employés. L'INTRIGANT, les maçons ou les commis sous la direction de cet architecte, sont obligés, avant tout, de se créer une *politique* qui leur apprenne à dresser des batteries, à se former un plan de conduite; d'après le caractère des personnes sous lesquelles ils travaillent, et dont leur avancement dépend. C'est dans ce sens que Figaro a dit avec raison, que la *politique* et l'INTRIGUE sont des cousines germaines inséparables. Mais arrivées à leur but, on les distingue bien vîte, et on les voit

---

(1) FOUQUET vendit sa charge *douze cent mille francs*, qui revenait vers 1760, à plus de *deux millions*. Le prix des charges du parlement, si diminué depuis, prouve la considération que les magistrats et les cours de justice avaient sous Louis XIV.

dans l'histoire, figurer à une distance très-éloignée l'une de l'autre.

Necker se crut un profond *politique*, mais il ne fut qu'un visionnaire et un très-habile INTRIGANT. On n'est point peintre parcequ'on barbouille de mauvais croquis de son imagination ou de celle des autres.

Le cardinal de Richelieu, *politique* supérieur, entreprit et exécuta de grandes choses sous son règne. L'histoire de son successeur, du cardinal Mazarin, ne le représente que que sous les traits d'un INTRIGANT de la première classe. Que peut-on citer en sa faveur, qui puisse lui mériter un autre titre? Il captiva la reine régente, une femme assez faible pour être dominée, et assez ferme pour persister malgré la raison et ses plus chers intérêts, dans les résolutions que ses favoris lui avaient suggérées. Ce premier ministre, cet *étranger*, fort de l'empire qu'il avait pris sur sa souveraine, fit naître une guerre civile, mit le désordre dans l'État et la confusion dans les finances. En un mot : il a volé, brouillé, démoralisé et trompé tout le monde, au grand préjudice du Royaume qu'il a gouverné souverainement; et s'il a montré quelque supériorité dans le département des affaires étrangères, c'est que la plupart des négociations diplomatiques ne sont que des INTRIGUES de commérage, dans lesquelles ce prélat italien excellait.

Auguste eut besoin de déployer les ressources des INTRIGUES les plus savantes, avant que de monter sur le trône de l'Empire romain; mais une fois qu'il y fût assis, il y régna tranquillement pendant toute sa vie, et il y développa le le génie d'une *politique* par excellence, en devinant et créant les vrais principes d'un gouvernement monarchique, en les entant sur les souches de la *souveraineté du peuple*, et en les faisant prospérer sur un sol républicain ; en apaisant les partis, contenant les factieux et les hordes des barbares qui inquiétaient les frontières de ses nouveaux États ; en établissant l'ordre et la paix dans son pays, et parmi ses compatriotes devenus ses sujets, au point que, malgré ses crimes antérieurs à son usurpation, son nom est devenu un titre honorable, une épithète flatteuse qui rappelle la mémoire d'un monarque parfait.

Malgré les alliances intimes, nombreuses, et qui se renouvellent tous les jours entre la *politique* et L'INTRIGUE, elles n'en forment pas moins deux familles distinctes, n'ayant ni le même nom, ni les mêmes armes : on les rencontre souvent unies, marchant ensemble et concourrant au même but. Mais il n'est pas rare aussi de les trouver dans l'histoire, aux prises l'une contre l'autre et se nuire mutuellement. Combien la *politique* du cardinal de Richelieu n'a-t-elle pas déjoué de manœuvres ourdies par les plus habiles INTRIGANS de son siècle ?

Les novateurs en chef ont été, et sont tous, sans exception, des INTRIGANS : quelques-uns grands *politiques*, et d'autres des brouillons. C'est un plaisir que de les voir mutuellement se supplanter et s'empresser, quand ils sont en place, à renverser l'ouvrage de leurs prédécesseurs ; mais toujours aux dépens de la société chez laquelle ils travaillent. Le duc de Choiseul, qui fit renvoyer les jésuites par les parlemens, fut supplanté par le duc d'Aiguillon qui, en représailles, fit détruire les parlemens ; le tout aux dépens de la France, qui perdit deux corps puissans qui, à eux seuls, étaient capables de prévenir la révolution et ses horreurs. Je n'ai jamais connu *Zoroastre*, mais je parie qu'il a été un INTRIGANT du premier orde.

L'INTRIGUE est aujourd'hui une des branches des plus cultivées de l'industrie humaine. Son histoire ressemble à celle des autres arts qui se sont perfectionnés et aggrandis dans leurs sphères, à mesure que les raffinemens de la civilisation ont fait plus de progrès. Ses fils, au commencement étaient faibles, ses trames lâches, ses tissus mal ourdis et sans force, ses outils grossiers, et à peine pouvait-elle disposer d'un petit nombre d'ouvriers brutaux, maladroits et ignorans. Tout était mesquin chez elle, ses moyens, ses entreprises et ses résultats; mais le nombre de ses artisans s'accroît à vue d'œil dans les siècles de lumière, et leur main-d'œuvre s'améliore. Les instrumens de L'INTRIGUE sont devenus plus ingénieux, ses ressources se sont multipliées, et les secrets du métier, plus généralement repandus, ont permis à des spéculateurs, en tout genre, d'élever des manufactures D'INTRIGAILLERIE et à travailler en grand et en petit à des ouvrages de ce genre, parfaitement conçus et exécutés, et d'en tenir des magasins bien assortis, à l'usage des amateurs de tous les goûts. Il n'est donc pas étonnant, que chez un peuple parvenu au faîte de la civilisation, on y voie à la cour, à la ville, au village et au sein de toutes ses sociétés, des INTRIGANS se mêler dans chacune des affaires qu'on y traite. Les mœurs et la bonne foi y ont beaucoup perdu, mais la politesse et les *usages du monde* y ont gagné considérablement.

LES INTRIGUES DE RUELLES dominent de plus en plus à mesure que les tribunats s'affaiblissent, et que l'autorité suprême s'approche davantage du despotisme d'un CABINET SOUVERAIN. *Vicé versâ*: les INTRIGUES s'élèvent à la hauteur de la *politique* dans les *gouvernemens représentatifs*, et dans ceux où le pouvoir exécutif a besoin de gagner des corps, ou des masses de citoyens, qui opinent ou qui agissent de plein gré selon ses intentions. La *politique* de William Pitt l'engagea à redoubler ses INTRIGUES pour diminuer la puissance du *parti de l'opposition*, et se former une majorité permanente dans le parlement d'Angleterre, afin de pouvoir résister aux principes révolutionnaires qui commençaient à gagner les esprits de son pays.

Nous revoyons encore ici ce mélange inévitable de la *politique* et de L'INTRIGUE dans les républiques et chez tous les peuples où le *pouvoir exécutif* a besoin du concours d'un certain nombre de *votes* pour faire une loi, ou pour être autorisé à prendre une détermination importante. Les motions qui, selon les circonstances, seraient les plus avantageuses à l'État et motivées d'après les règles constantes d'une bonne *politique*, ne passeraient point, si le ministère qui les propose, ne s'était pas d'avance assuré par L'INTRIGUE, d'une *majorité* dans les corps co-souverains de son gouvernement, qui ont la faculté légale de transformer ses demandes en actes législatifs et obligatoires, selon leur forme et teneur.

Il est impossible qu'un gouvernement empêche qu'il y ait des INTRIGANS chez lui. Mais il peut, et il le doit, ne pas souffrir qu'il y en ait des bandes enrégimentées contre le souverain, contre la tranquillité de l'État et celle des citoyens. Un moyen sûr d'y parvenir, c'est de ne pas les craindre, de les attaquer de front et de les poursuivre à outrance. Dès que les premières étincelles manifestent l'existence de ces foyers révolutionnaires, il faut que ces lueurs vous servent de guide, suivre leurs indications, marcher sur leurs renseignemens, remonter à leur source, pénétrer dans les repaires de ces perturbateurs du repos public, les tracquer jusque dans les dernières ramifications de leurs

souterrains infernaux, et les y écraser tous, sous le poids
d'une justice sévère, inquisitive, pleine de courage et d'activité. Si l'oubli de ce principe n'a pas perdu l'Europe, il
l'a au moins mise à deux doigts de sa perte.

Nous le répétons : la *politique* apprend à gouverner, à
contenir les hommes et à les diriger en masse. L'INTRIGUE
n'apprend qu'à se conduire avec adresse dans la poursuite
de ses vues personnelles. On dit les INTRIGUES de cour, et
la *politique* d'un parti; on découvre la *politique* d'un ministre, on développe une INTRIGUE de comédie. On suit sa
politique, on trame ses INTRIGUES; la *politique* a une marche
noble, des projets élevés qui en imposent : L'INTRIGUE in-
dispose contre elle la majorité des honnêtes gens, par la
bassesse de ses menées, l'obscurité de ses démarches tor-
tueuses, la mesquinerie de ses vues et de la plupart de ses
entreprises; on vante quelqu'un, en le présentant comme
un bon *politique*, et le titre de bon INTRIGANT est plutôt
une injure qu'un éloge; les grands génies sont seuls susceptibles de former de grands *politiques;* mais on a vu, et on
voit encore, de très-petits esprits être de grands INTRI-
GANS.

Nous croyons avoir suffisamment exposé les nuances qui
rapprochent et les qualités qui distinguent la *politique* de
L'INTRIGUE. Ces deux inséparables, qu'à chaque pas on rencontre dans le monde accolées l'une contre l'autre, nous
obligent à ne pas oublier la dernière, dans un livre consacré à l'art de gouverner les hommes, *tels qu'ils sont aujour-
d'hui.* Le portrait de L'INTRIGUE et de L'INTRIGANT, et le
développement de leur caractère, font donc une partie obli-
gée d'un *lexicon politique.* J'en parlerais comme *un aveugle
des couleurs :* mon genre d'esprit et le dédain insurmon-

table, que j'ai toujours eu pour les petites choses, se sont constamment opposés à ce que j'entrasse dans une carrière où, à force de broncher, j'aurais sûrement fini par me casser le cou. Les occasions m'ont donc manqué pour connaître et approfondir par mon expérience les secrets d'un métier dont les ressources et les procédés sont si compliqués. Mais j'ai tant vu D'INTRIGANS dans ma vie, le hasard m'a dévoilé si souvent le secret de quelques-unes de leurs manœuvres, que je risque de tracer dans une faible esquisse, les grands traits de leurs mœurs et de leurs habitudes, qui sont encore présens à ma mémoire; puisse ce méchant croquis mériter d'être revu, corrigé et considérablement augmenté, par Mesdames et Messieurs de........   , qui, par une pratique journalière et pleine de succès, ont, de l'aveu de tout le monde, obtenu la réputation, si bien acquise, d'être des INTRIGANS par excellence; que ces professeurs daignent achever ce tableau et le rendre dignes de son sujet.

Avant de se mettre à l'ouvrage, le premier soin de L'INTRIGANT est un retour sur lui-même, sans se faire illusion sur ses bonnes et mauvaises qualités, *nosce te ipsum,* est la maxime fondamentale sur laquelle il doit régler le plan de sa conduite, et de ne jamais la perdre de vue dans le cours de ses INTRIGUES futures.

Si votre ambition vous porte à vous avancer par L'INTRIGUE, commencez par consulter votre caractère, le genre de votre esprit, la position où vous êtes dans le monde, et comparez ces données avec celles qui leurs sont analogues chez vos rivaux, chez les personnes dont vous comptez vous servir, et arrangez-vous en conséquence. Ces connaissances préliminaires vous aideront singulièrement; elles vous permettront de tracer d'une main sûre votre plan de conduite ; elles vous indiqueront d'avance les contours, les ravins, et les autres inégalités du terrain que vous trouverez sur votre route ; elles vous montreront les chemins, les sentiers, les voies obliques et détournées, que vous pourrez suivre, pour profiter des sites et des incidens que vous rencontrerez chemin faisant, et vous suggéreront les moyens, les plus prompts et les plus faciles, de les rendre favorables à vos desseins. Cette étude, d'ailleurs, n'est pas indispensable et ne convient pas à tout le monde. On voit tous les jours, des sots parvenir et se tirer très-bien D'INTRIGUE, sans se donner tant de peine. Ils ont un instinct qui les dirige mieux dans ces dédales, que la raison et les plus savans calculs : mais ne vous y fiez pas, si vous pouvez faire autrement.

En marchant ainsi toujours d'un pas ferme et d'après vos penchans personnels, vous êtes assuré de vous garantir de ces écarts et de ces inconséquences, dans lesquels vous trébucheriez sans doute, assez souvent, si vos démarches calculées étaient sans cesse en opposition ouverte avec les habitudes de votre caractère. Qui peut se flatter d'être assez continuellement sur ses gardes pour n'avoir pas de ces minutes d'impatience, d'humeur ou de distraction, qui renversent les plus sages résolutions par la force du naturel, et qui vous poussent à des boutades et à des indiscrétions, qui détruisent, dans un moment, le travail d'une longue suite d'années ? Ces étourderies mortelles échappent aux plus circonspects ; et leurs conséquences sont quelquefois terribles et irréparables. Elles cassent à jamais tous les fils de la trame la mieux ourdie ; éventent les manœuvres souterraines de L'INTRIGANT, qu'elles laissent à découvert, en butte aux caquets du public ; comme à la *pipée*, on voit une chouette exposée à la risée des petits oiseaux du voisinage. Mais si vos vues et vos menées sont invariablement conformes à vos goûts et à votre caractère, alors tout est d'accord et tout va bien.

Une des conditions essentielles du caractère de L'INTRIGANT est d'être *sans honneur* et *sans humeur*. Il doit, de bonne heure, s'aguérir aux refus, aux impolitesses, aux réceptions sèches, aux réponses brutales et aux renvois malhonnêtes, qu'il sera dans le cas d'essuyer dans le cours de ses visites intéressées. Chassé cent fois de la même maison, ces outrages ne le rebutent point, il continue de s'y présenter dans l'espérance d'y être mieux reçu à la cent et unième, et de finir par y être mieux accueilli, s'emparer de l'esprit des maîtres, de leur affection, et de les mettre dans peu au rang de ses plus chauds protecteurs. La *persévérance* est tout dans ce métier.

Laid, bancroche, ignorant, ne sachant ni parler, ni écrire, sans aucunes idées, et n'ayant jamais fait que des sottises, dont quelques-unes, si justice lui eût été rendue, auraient entraîné *peine capitale* contre lui, on demandait au comte de Beugnon, lieutenant-général des armées navales de Sa Majesté, comment, étant si disgrâcié de la nature, il avait pu être un des officiers de la marine le plus distingué par le nombre des emplois et des missions honorables qu'on lui avait confiés? — Eh! mon ami, par ma persévérance à faire ma cour dans les bureaux, sans en oublier le plus petit commis, et à les servir avec zèle et sans pudeur, toutes les fois qu'ils ont eu recours à moi. — Voilà un sot, un malotru, plus avancé par sa *persévérance* que beaucoup de bons officiers, ses camarades, n'avaient pu l'être par leur esprit, leurs talens et une conduite irréprochable.

Voyez et concluez !

L'art de L'INTRIGANT est de savoir à-propos plaire, inté-resser, intimider ou ennuyer les personnes dont il veut obtenir quelque chose. Ses visites et ses mémoires vous obsèdent, il en devient importun, et on lui accorde ce qu'il demande, pour ne plus le revoir. L'importunité, fille de la *persévérance* a fait accorder beaucoup de grâces importantes. Il ne manquera jamais de gens en place qui se ligueront pour se débarrasser d'un ennuyeux.

Ce n'est pas le tout de n'avoir ni *honneur*, ni *humeur*. L'INTRIGANT doit être aussi sans *affection*, sans rancune et sans reconnaissance. On le voit impassible au milieu des passions humaines, caresser les faiblesses des autres et partager avec adresse, les sentimens et les ressentimens dé ceux auxquels il veut plaire. Il baise respectueusement la poussière des souliers de l'homme en place, dont il a le plus à se plaindre ; et avec la même insouciance, il couvre d'ordures le ministre déplacé qui l'a comblé de grâces, et qu'il encensait la veille. Il ne s'y résout pourtant qu'avec répugnance, et qu'autant qu'il est persuadé que ses démarches hostiles seront agréables aux personnes qui ont succédé aux emplois de ses premiers bienfaiteurs ; parce que, ce que L'INTRIGANT craint le plus, est de se voir démasqué.

Sans *honneur*, sans *humeur* et sans *affection*, l'esprit du métier exige en outre, qu'un parfait INTRIGANT ne tienne fixement à aucune *opinion*, qu'à celle de réussir auprès des personnes, dont il prévoit tirer un parti avantageux par la suite. Doucereux *moliniste* chez les jésuites, on le rencontre *janséniste* outré avec les oratoriens ; chez CAZALÈS il tonne contre les révolutionnaires ; et, un moment après, il ré-

pand sur les royalistes un torrent d'injures avec le *père Du-
chesne*. Indifférent sur tout, excepté sur ses intérêts, il re-
garde avec des yeux de linx, quel est le système qui pré-
vaudra, et il l'adopte avec empressement, quand il est sûr
de l'avoir deviné. *Vive le* ROI! *vive la* LIGUE! est son cri
favori : vive *ce qui peut m'être utile*, est la maxime fondamentale de sa conduite.

La faculté de ne tenir à aucune *opinion* et de tirer un
parti avantageux de celles qui maîtrisent les autres est le
chef-d'œuvre de l'art. Elle permet à L'INTRIGANT de ne jamais contrarier les personnes qu'il croit devoir ménager,
et de défendre hautement, envers et contre tous, les sentimens des gens en crédit, qu'il espère gagner, et dont il
compte s'étayer dans la suite. Qu'il est aimable et qu'il est
aimé, celui qui abonde dans notre sens; qui se laisse vaincre
à chaque discussion, et qui ne se lasse pas de flatter nos
goûts et notre amour-propre! Quelle justesse de jugement
n'accorderez-vous pas au *philinte* qui est toujours de votre
avis, et sans cesse en admiration devant ce que vous dites
et ce que vous faites?

Les naturalistes rangent les INTRIGANS dans la classe des
vers rongeurs, qui travaillent dans l'obscurité. Ils craignent
le grand jour : les ténèbres leur plaisent davantage. Les
conversations particulières entre peu d'interlocuteurs de
leur choix leur conviennent mieux que le bruit des assem-
blées nombreuses et diversifiées; les propos des salons les
effrayent, et ils préfèrent la solitude du cabinet où ils s'en-
tretiennent secrètement et en tête à tête avec une personne
ou tout au plus avec deux ou trois, sur lesquelles ils ont
déjà un certain ascendant et qu'ils désirent accaparer tout-
à-fait. C'est là qu'un maître fourbe se trouve dans son cen-

tre et dans une position très-favorable à ses desseins; il **y** sonde, plus à son aise, le cœur de ses dupes; il **y** tend ses filets à la sourdine; et plusieurs grands seigneurs de la Cour, de gens en crédit et des hommes d'esprit, s'y prennent et restent ses captifs.

La même *politique* engage quelquefois ces faux amis à faire semblant de n'avoir pas la même opinion que leur protecteur; à risquer des contradictions, des erreurs, des paradoxes et argumens puérils; à les soutenir faiblement, à préparer leur défaite d'avance et à ménager à leur patron des triomphes réitérés, qui gonflent son amour-propre et intéressent sa vanité à exalter, à ses propres yeux, la supériorité de son génie qui lui procure de si fréquentes victoires, sur un adversaire, dont le savoir et l'habileté sont généralement reconnus. S'il se trouve seul renfermé dans son cabinet avec cet INTRIGANT, son agent confidentiel, celui-ci est trop fin pour lui dicter ses mémoires et lui donner directement les avis qu'il croit les plus sûrs; il feint de les chercher, il tâtonne, il prononce des moitiés de phrases, il propose des demi-mesures et il les abandonne aussitôt; tout chez lui marque l'indécision; mais il tourne tant autour des idées qu'il veut suggérer, qu'enfin son maître les devine, qu'elles naissent dans son cerveau, et qu'il en accouche, en croyant de bonne foi qu'elles sont de lui, qu'il est l'auteur des meilleurs conseils qu'il doit suivre, et des expressions les plus convenables et les plus heureuses qu'il a placées dans ses écrits. On est si enchanté, surtout en France, qu'on vous accorde de l'esprit, que le flatteur qui vous en donne est sûr d'obtenir un grand crédit sur vous.

Par ces moyens, par ces chemins couverts, on s'insinue de plus en plus dans le cœur de son patron; on découvre

ses faiblesses, et on s'avance dans la connaissance de ses secrets. Chaque individu a ses affections et ses craintes. On lui
plaît en flattant les premières : on l'épouvante en le mena-
çant de divulguer ce qu'il a le plus grand désir de tenir
caché; en lui persuadant que les poursuites et les malheurs
qui l'effrayent le plus, vont se réaliser, s'il n'obéit pas ponctuellement aux ordres de cet INTRIGANT, qui les colore, par
courtoisie, de conseils dictés par l'amitié. Alors il vous tient,
et vous ne pouvez plus lui échapper.

Les soubrettes n'y manquent pas; elles se prêtent de la
meilleure grâce à favoriser les actions illicites et à jeter des
voiles sur les torts des femmes auxquelles elles appartien-
nent; mais aussi, pour le prix de leurs soins officieux, elles
prétendent être traitées en *servante-maîtresse* : ce qui ne se
refuse presque jamais.

Ne négligez donc pas de courtiser les domestiques; ils
valent quelquefois mieux que leurs maîtres. Flattez-les, ga-
gnez-les, employez-les dans vos INTRIGUES; persuadez-les
qu'ils sont vos protecteurs, et que, si votre affaire réussit,
vous les protégerez à votre tour toutes les fois que l'occasion
s'en présentera. L'INTRIGANT doit être prodigue de pro-
messes; les sermens ne lui coûtent rien, et lui rendent beaucoup.

N'allez pas, comme un imbécile provincial, vous en laisser imposer par le rang et le titre des habitués de la maison
dans laquelle vous voulez vous impatroniser. Commencez
par dresser la *carte morale* de ses habitans; fixez chaque personne dans la position qui lui convient, d'après le rôle qu'elle
y joue, et l'influence dont il y jouit; et que vos marches et
contre-marches soient sans cesse rapportées et déterminées
sur ce plan, que vous aurez levé dans le plus grand détail,

avec des soins persévérans et minutieux. Ayant une parfaite connaissance du terrain sur lequel vous devez manœuvrer, et des individus avec qui vous avez affaire, vous êtes moins sujets à vous égarer, et il vous est plus facile de vous tracer le chemin qui doit vous conduire le plus sûrement à votre but.

Lorsque Marie-Thérèse voulut négocier avec la France le traité de Versailles, qui fut si avantageux à l'Autriche, tant *par sa teneur*, *que par la manière dont les articles en ont été tenus de chaque côté*, elle ne s'adressa point à sa *sœur*, à la maîtresse de la maison, à la digne épouse de Louis XV, à la reine Marie Leczinski. Cette fière impératrice préféra et ne rougit point d'entrer en correspondance et de solliciter les bonnes grâces de la concubine affichée de ce prince; elle flagorna et écrivit en conséquence, de sa belle main, les lettres les plus amicales à la *marquise de Pompadour*, qui, par des reviremens d'intrigues, fit nommer l'abbé de Bernis, cardinal et ministre des affaires étrangères, à condition qu'il minuterait ce traité, et qu'il le ferait signer au Roi.

On vit quelque temps après, sous le même règne, les plus grands seigneurs courtiser bassement *Le Bel* et obtenir, par son influence, des places essentielles, en se faisant, sans pudeur, le *valet* de ce valet de chambre, qu'en langage de cour, on nommait *l'ami du prince*. Maître ou laquais, caressés ou menaces, traits de générosité ou de perfidie, tout est bon à l'intrigant, pourvu qu'il ne manipule ces différens ingrédiens, que d'après les ordonnances d'un *esprit de conduite* expérimenté et imperturbable dans sa marche et dans ses desseins.

Esprit de conduite ! L'intrigant doit en faire son premier ministre, ou ses affaires iront mal; c'est le seul qu'il lui soit

indispensable d'avoir ; s'il ne s'en rend pas l'esclave docile,
ses INTRIGUES travesties en tracasseries, le brouilleront avec
tout le monde, et au lieu d'avancer, il reculera.

Les faiblesses humaines, dont nous venons de parler, sont
également enracinées dans le cœur des deux sexes. La femme,
assujétie à l'homme par l'infériorité de ses forces physiques,
par les lois et les usages, a eu besoin d'être pourvue de plus
de moyens d'adresse, pour rivaliser de puissance et marcher
d'un pas à peu près égal avec son supérieur de droit ; et à cet
égard, la nature a été très-généreuse envers cette belle moitié
de nous-même ; elles ont, en général, un ton de douceur, un
patelinage, un *galvanique* qui attire les hommes, les dispose
en leur faveur, et leur donne, dans les pays civilisés, un ascendant décidé sur les distributeurs des grâces et les autres
personnes de l'autre sexe, avec lesquelles elles sont dans le
cas de traiter. Ces qualités les rendent très-propres aux manœuvres de l'intrigue ; aussi s'y adonnent-elles volontiers, et
beaucoup de ces dames y ont obtenu de grands succès.

La coquetterie est naturelle aux femmes ; elles aiment
qu'on les recherche, qu'on les courtise, et d'être le centre
d'une cour nombreuse qui marche toujours à leur suite. Le
titre de protectrice flatte leur vanité ; il annonce une supériorité qui attire autour d'elles un concours, un assemblage
de personnes qu'elles croyent dominer par la puissance de
leurs agrémens ; tandis qu'elles ne sont que les courtières des
petites ambitions de ces courtisans, ou les chefs des bureaux
de passeports des *merveilleux* qui veulent se mettre à la
mode.

La femme est plus sédentaire, et l'habitude de s'occuper,
presque continuellement, de bagatelles et de colifichets,
exerçant plus ses doigts que sa tête, l'asservit davantage.

caprices de son imagination. L'activité de son esprit s'augmente en raison de l'inactivité de son corps. Moins absorbée par les grandes pensées, les petites idées y pénètrent plus aisément; elle les y reçoit avec plaisir, les caresse, les goûte, en nourrit volontiers les fibres de son cerveau, et les rend plus propres à réussir dans les commérages de l'INTRIGUE, qu'à concevoir et à suivre les combinaisons d'une profonde *politique*.

Que le véritable amour n'entre pour rien dans les liaisons ambitieuses que vous croirez devoir former avec une femme; il la rendrait trop exigeante. Ce sentiment ne la dominerait pas impunément; il en excluerait tous les autres de son cœur. Dans le cours de ses sollicitations et de ses INTRIGUES, elle songerait plus à son amant qu'à son protégé. Sa passion l'entraînerait quelquefois à des gaucheries qui nuiraient à vos intérêts; elle désire aussi ardemment que vous d'augmenter votre aisance, de vous obtenir des décorations, et de vous voir comblé de grâces; mais à condition que vous en jouirez auprès d'elle. Ainsi vous devez vous attendre qu'elle employera son crédit et tous ses moyens, afin d'empêcher qu'on vous donne un poste brillant et au-dessus de vos prétentions, qui vous éloignerait et vous forcerait de résider dans un endroit où elle ne serait pas. Si vous vous en fâchez, elle en sera piquée, et, les larmes aux yeux, elle vous dira: *que vous importe d'avoir cette place, ne vous suffit-il pas que vous m'ayez?* Si vous êtes vraiment amoureux, ou si vous vous croyez obligé d'en faire semblant, qu'aurez-vous à répondre à un reproche si tendrement exprimé?

Cet abandon sentimental ferait, sur le théâtre, un superbe effet, surtout si cette exclamation sortait de la bouche d'une charmante actrice; et toutes les femmes le sont en pareil cas. Dans les rôles de cette espèce, la femme honnête y met ordinairement une vérité d'expression qui la rend supérieure à la comédienne. L'histoire ne se compose que de scènes dramatiques : à la seule différence que *les jeunes premières* priment dans les INTRIGUES de comédie, et que dans celles de l'ambition, c'est l'emploi des *vieilles coquettes* qui a tout l'avantage.

En INTRIGUE, les vieilles femmes ont leur prix, et les dédaigner est une faute impardonnable; elles sont flattées qu'on les courtise, et répondent sincèrement aux soins qu'on leur rend. La fuite des charmes de leur printemps est une époque bien pénible pour elles, et, dans l'âge de leur retour, elles craignent d'être délaissées, et de rester seules et isolées dans le monde.

Aux approches ou passé quarante ans, beaucoup de femmes ressemblent à une vigne qui cherche et qui a besoin de trouver un échalas, auquel elle puisse s'appuyer avec confiance. Profitez de cette heureuse disposition que la nature vous a ménagée exprès, pour favoriser vos démarches, dans le cours de votre carrière ambitieuse ; surmontez votre répugnance, oubliez les goûts et les folles idées de votre jeunesse, et attachez-vous au solide. Il ne faut pas se laisser aller à cette fatuité française, à ces dédains du bon ton, et faire le dégoûté à l'aspect de ces belles antiques; soyez, au contraire, complaisant, assidu et persévérant auprès d'elles, et tâchez de vous lier, le plutôt possible, au char de la première qui se présentera, avec les qualités requises pour l'usage que vous en voulez faire. A ces conditions, prenez celle qu'il vous sera le plus facile d'obtenir, et n'y regardez pas de si près; supportez ses défauts et ne songez qu'aux avantages que vous pouvez en retirer. Est-elle capricieuse? armez-vous

de patience et résignez-vous de bonne grâce à être son souf-
fre-douleurs. A travers les écarts et les boutades de son humeur fantasque, étudiez et approfondissez son caractère et
son genre d'esprit. Ces connaissances vous seront très-utiles,
et maniées avec un peu de l'adresse que vous aurez acquise
dans le cours de vos expériences journalières, elles facilite-
ront singulièrement votre entreprise, et vous verrez bientôt
la maison changer de face à votre égard; d'esclave soumis
quand vous y êtes entré, la maîtresse ne tardera pas à devenir
votre très-humble et très-obéissante servante.

A cet âge, la femme est moins assujétie à l'empire des
sens que sous celui de sa vanité. Son amour-propre triomphe de traîner à sa suite le prisonnier qu'elle tient captif, et
s'empresse de présenter sa conquête dans tous les cercles
qu'elle fréquente. Le voilà sur le Pinde, comme Apollon au
milieu d'un cercle de muses surannées qui, pour l'honneur
du corps, réunissent leurs moyens pour élever, enrichir, faire
décorer et donner une grande considération à l'INTRIGANT
qu'elles protègent; elles ne perdent point leur objet de vue;
aguerries aux refus, elles ne se rebutent jamais, et avec une
persévérance obligeante elles vont, viennent, reviennent et
parcourent toutes les antichambres, les salons, les bureaux
et les cotteries dont elles ont connaissance; elles y prônent,
chantent ou glapissent, sans discrétion et à tout propos, les
éloges du coryphée qu'elles ont pris en affection; et finis-
sent ordinairement par obtenir ce qu'elles demandent en sa
faveur; elles sont parvenues, dans plusieurs occasions, à
force de répéter et d'exagérer les bonnes qualités de cet in-
TRIGANT, à lui faire, soit à la cour, soit à la ville, une haute
réputation qui s'est propagée en province, et qui, quelquefois, s'est étendue jusque chez les étrangers, où on l'a cru

un grand homme, sur la périlleuse parole de ces vieilles
INTRIGANTES.

Mais ce grand homme, ce favori si vanté, doit rester collé
auprès de sa protectrice, au centre de ses INTRIGUES. La
vieille est pire que la jeune sur cet article; elle ne veut pas
se départir de son amant, et ne souffre pas impunément
qu'on l'abandonne. Elle n'entend pas raison là-dessus, et la
seule grâce qu'elle puisse lui faire, c'est de lui accorder *le
vol du chapon.* Son empressement à l'obliger se tourne en
contrariétés manifestes du moment qu'elle s'aperçoit qu'on
songe à la quitter. C'est alors qu'elle multiplie les obstacles,
qu'elle contrecarre, et entrave de son mieux le cours d'ambition de celui qu'elle aime tant, s'il sollicite une place qui
l'oblige à vivre en province, éloigné d'elle et de sa société,
qui, sous l'égide de sa maîtresse, veut tant de bien à cet IN-
TRIGANT. Il eût été plus difficile à *l'abbé Mazarin* d'obtenir
l'évêché de *Perpignan*, à charge de résidence, que d'être
cardinal et premier ministre en France.

Les femmes ont eu et auront toujours, chez les nations
civilisées, un empire décidé sur les hommes; mais elles
l'exercent plus volontiers, et d'une manière plus marquante,
sur les gens en place que sur ceux qui n'y sont pas. Les individus des deux sexes éprouvent nécessairement, après une
vingtaine ou trentaine d'années, beaucoup de variations
dans leur grade, leur fortune, leur position politique dans
l'État, leur pouvoir ou leur influence dans une ou plusieurs
branches de son administration. *La vieille Coquette*, qui a
passé une partie de sa vie à folâtrer avec des jeunes gens de son
âge, en rencontre, lorsqu'elle est sur le retour, un certain
nombre qui se sont avancés, qui sont devenus fonctionnaires
en chef, ou sous-ordres, dirigeant de confiance une partie
importante du gouvernement. On en revient toujours à ses

anciennes amours; et si ces distributeurs des grâces n'y reviennent pas dans ces entrevues, ils reçoivent avec plaisir et causent volontiers avec la solliciteuse qui les leur rappelle; les audiences se multiplient et s'allongent sans qu'on y pense; elle se trouve en connaissance intime avec la plupart de ces petits dieux de la terre; leur cabinet, leurs bureaux sont ouverts à toute heure à cette douairière; elle y entre et y reste à volonté; sa présence ne gêne point le chef qui l'habite; au contraire, elle le délasse agréablement de l'aridité de quelques-unes de ses fonctions et le débarrasse par fois, des importuns qui viennent l'y ennuyer avec un étalage de leurs titres et de leurs états de service. Ces vieux serviteurs et leur mérite sont éconduits avec perte, et on les renvoye à un autre temps pour examiner leurs papiers et leur rendre justice; mais on garde la belle près de soi; elle y est aussi à son aise qu'elle le serait chez elle; et ces demi-potentats ne lui refusent rien, en commémoration des exemples qu'elle leur avait donnés, quand elle était plus jeune. Entre eux tout s'arrange à l'amiable et au gré de l'INTRIGANTE matrone.

O vous! qui suivez l'ennuyeuse et pénible carrière de solliciter des grâces, adressez-vous aux vieilles.

C'est, croyez-moi, le parti qu'il faut prendre.

Elles ont, par leur crédit, élevé et enrichi beaucoup de particuliers; mais en revanche, par la trop grande influence des femmes dans le gouvernement, elles ont aussi abaissé et appauvri beaucoup d'empires. L'INTRIGANT se soucie fort peu du sort de l'État; il ne songe qu'au sien, bien ou mal calculé.

Il est, en général, plus aisé d'avoir une femme d'un certain âge, que de s'en défaire impunément. Nous avons déjà observé que, jeunes ou vieilles, elles sont furieuses d'être délaissées; et que, malgré le vif désir qu'elles avaient de contribuer, par leurs INTRIGUES, à la fortune et à l'élévation de leurs amis, elles s'y opposeraient de toutes leurs forces, si ces avancemens devaient être le prix de l'absence de leur cher protégé, et d'une entière séparation entre eux. Cette règle n'est pas sans exception; elle n'est applicable qu'aux dames qui, par leur position dans le monde, sont obligées de vivre soit à la cour, soit dans la capitale, ou dans un domicile fixe en province, que décemment il ne leur est pas permis de quitter; mais il en est d'autres qui, moins gênées par les convenances de la société, sont tourmentées de l'envie d'augmenter leur aisance et leur considération en s'accolant avec un homme en évidence qui les fasse *reines* du nouveau poste qu'elles travaillent à lui procurer. Celles-ci ne sont ni moins actives, ni moins INTRIGANTES que les premières, pour faire placer *leur mari, leur oncle ou tout ce qu'on voudra*, dans des commandemens ou dans des directions, qui lui donnent un pouvoir et des émolumens, qui tentent la protectrice et qu'elle brûle de partager avec lui.

Ces femmes sans existence personnelle, dont quelques-unes sont souvent gênées par leur pauvreté, tracassées par leurs créanciers, et poursuivies par une réputation plus que douteuse, ne sont point effrayées par les grandes distances auxquelles on les enverra; elles s'exilent volontiers dans un pays lointain, où elles espèrent y primer davantage qu'elles ne faisaient à Paris ou dans leur province. Libres de courir le monde avec leur soutien, elles sollicitent de bonne foi et avec un zèle infatigable en faveur de l'homme qui doit les tirer de la misère et de l'obscurité, résolues à le suivre partout où on le placera. Ces INTRIGANTES ne sont pas dépourvues de ressources pour réussir; mais si, par ses menées, une de ces aventurières parvient à placer avantageusement *son accolyte*, le service qu'elle lui rend est ordinairement plus que compensé, quand il est entré en pleines fonctions, par les tracasseries qu'elle excite autour de lui, et par un tas d'économies sordides qu'on peut appeler *vilainies*, qu'elle l'oblige de faire dans le cours de sa représentation et quelquefois de sa gestion.

Ces commères croyent toujours survivre à l'homme sur lequel elles sont appuyées; elles savent bien qu'elles perdront tout à sa mort. Par prévoyance, elles deviennent avides et tous les moyens leur sont bons, s'ils grossissent le trésor qu'elles accumulent pour leurs vieux jours; leur caractère change; les contradictions qu'elles éprouvent, les quolibets qu'on leur lance, les rendent humoristes; elles dégoûtent, vexent et soulèvent tous ceux qui l'entourent; elles impatientent même leur patron par les plaintes continuelles qu'elles ne cessent de faire sur chacun de ceux qui ont affaire à lui; le désordre est au comble dans cette société et parmi les subalternes du chef qu'elles ont mis en place. Celui-ci se fâche de temps en temps contre cette *compagne* qui veut s'ériger en *maîtresse*, et l'accable par des boutades qui la mettent au désespoir et la font rougir de colère; elle se targue alors des services qu'elle lui a rendus, de la position où elle l'a trouvé, de celle qu'elle lui a procurée; elle les compare l'une avec l'autre; elle lui reproche qu'après tant d'obligations, il s'avise d'avoir si peu d'égards pour ses demandes et ses prétentions; elle finit par le menacer de s'en venger, en temps et lieu, s'il continue de la traiter ainsi.

Beaucoup de ces commandans cèdent pour avoir la paix dans le ménage, et dans la crainte d'être destitués, s'ils sont trop récalcitrans avec une femme si exigeante; mais le véritable INTRIGANT, qui sait son métier, a prévu le coup, et il a pris ses précautions d'avance, à l'exemple du cardinal de Richelieu, qui, monté au ministère par le crédit de *Marie de Médicis*, la fit renvoyer aussitôt qu'il s'aperçut que cette *reine* prétendait le maîtriser despotiquement et le restreindre à n'être, pour ainsi dire, que le commis expéditionnaire de ses volontés.

Il n'y a pas de position plus embarrassante pour un honnête homme, jaloux de sa réputation et de laisser un nom honorable dans l'histoire, que d'avoir été porté au ministère par un cercle d'INTRIGANTES. Il leur doit son existence, et elles peuvent la lui ôter du jour au lendemain; il faut les satisfaire en tout point, ou perdre sa place : voilà le difficile, si l'on veut la conserver sans manquer à ses devoirs. Ces fâcheuses alternatives se rencontrent, à chaque instant, dans le gouvernement des *cabinets souverains;* mais elles inquiétent peu les INTRIGANS. *Restons en place, tâchons d'en attraper de meilleures, et moquons-nous du reste :* telle est leur devise.

Les femmes choient, flattent, protègent, de préférence, les petites passions et les petits talens; elles ont contribué à l'avancement de beaucoup de monde, mais il est rare qu'en même temps elles ayent donné aux individus qui les intéressaient les qualités requises pour gérer avec honneur les places où elles les avaient élevés par leurs INTRIGUES. Au contraire, elles affaiblissent, si un commerce trop fréquent avec elles ne le détruit pas tout-à-fait, le caractère ferme de ces hommes instruits, bien prononcés et capables de remplir, d'une manière distinguée, les hautes fonctions qu'on leur confiera; en un mot, elles déforment plus de grands hommes qu'elles n'en forment.

Dans l'âge viril d'une société politique, les femmes ont peu de crédit, et leurs INTRIGUES se bornent à des *commé-*

rages très-indifférens à l'État ; mais c'est à son déclin que leur triomphe commence. Le plus ou moins d'influence qu'elles exercent chez un peuple dépend de la nature de son gouvernement, de son caractère national, de ses mœurs, de ses habitudes, du genre d'esprit qui règne dans les hautes classes de sa hiérarchie sociale et d'une multitude d'autres accessoires qui, à la même époque, ne se trouvent jamais exister dans une proportion égale chez deux nations différentes. Dans le XVIIIe siècle, par exemple, l'empire des femmes a été tout-puissant en France, tandis qu'elles en avaient très-peu en Angleterre. Aussi le gouvernement britannique a-t-il survécu à celui que la France avait alors.

Les INTRIGANS trouvent encore de grandes ressources et bons soutiens chez leurs créanciers. JULES-CÉSAR, voulant augmenter la masse de ses partisans, emprunta de très-grosses sommes, afin d'acheter un nombre plus considérable de créatures en sa faveur. Par cette opération de banque, *il mit dans ses intérêts les pauvres et les riches.* Les premiers, parce qu'ils se crurent obligés de favoriser un homme qui les avait si bien payés, et les autres, dans la crainte de n'être jamais remboursés, si leur créancier ne réussissait pas. L'homme qui réunira, comme lui, un ensemble de qualités si brillantes et si solides, poussées à leur dernier point de perfection, est presque sûr, à moins que quelque événement imprévu ne vienne l'arrêter, de vaincre tous les obstacles qui s'opposeront au succès de son ambition, chez un peuple souverain, nombreux et corrompu.

L'argent des autres vint, dans cette occasion, lui donner un surcroît de moyens, qui lui permit d'engager des milliers de plus de partisans à son service. Les esprits vulgaires n'en seront point étonnés, mais ils se demanderont, comment il a pu trouver des prêteurs assez confians pour lui avancer de très-grosses sommes sur une hypothèque aussi chanceuse, que le renversement de la république romaine, et le joug dictatorial, qu'il comptait imposer à ses concitoyens : à ce peuple si fier et si jaloux de sa souveraineté.

A la première vue, cette question paraît difficile à résoudre. Mais l'expérience journalière nous montre tant d'INTRIGANS, tant de *chevaliers d'industrie* qui, sans avoir l'esprit de JULES-CÉSAR, ni une expectative aussi brillante à offrir à leurs créanciers, ont passé leur vie, en empruntant de tous côtés, ne payant jamais, trouvant toujours de l'argent, mourant insolvables, et ne laissant, en héritage, qu'un *bilan* rempli de dettes considérables, qu'il ne faut point s'étonner qu'un homme aussi habile en INTRIGUE qu'en *politique*, que ce conspirateur, par excellence, soit parvenu à séduire un si grand nombrede créanciers, et à avoir à sa disposition la caisse des principaux capitalistes de son pays.

Les INTRIGANS sont des colporteurs qui brocantent en toutes sortes de marchandises, et n'épargnent ni soins, ni peines, pour attraper des dupes. Ils débitent de l'*honneur* et de l'*infamie* avec la même indifférence, que les apothicaires manipulent des sucs nutritifs ou des poisons, et ils n'écoutent que leurs intérêts dans le choix des drogues qu'ils font passer à leurs pratiques. Ce commerce est libre et admet une concurrence indéfinie parmi ceux qui exploitent cette branche d'industrie. Au milieu de cette foule d'INTRIGANS, il s'élève, par fois, des spéculateurs à grandes vues, qui s'associent en corporations, travaillent en commun, et prennent à *forfait* des entreprises considérables et même *gigantesques*.

Le régime intérieur de ces espèces de *jurandes* volontaires n'est pas aussi démocratique, qu'on aurait lieu de le penser, par la composition de leurs membres. Ils reconnaissent une hiérarchie et des degrés de subordination entre eux. Ils ont un directeur-commandant, des directeurs particuliers, des sous-directeurs ; des commis aux écritures, des commis-assassins , des *gens de lettres* faiseurs de pamphlets et de proclamations, des orateurs du peuple, des aboyeurs de rue , des trésoriers ; des recruteurs et des ouvriers de toutes les façons. Parmi ces INTRIGANS chefs de manufactures, JULES-CÉSAR est un de ceux qui se sont rendus les plus célèbres par leurs œuvres immortelles. Quel génie , quel talent, quelles ressources, et quelle persévérance ne lui a-t-il pas fallu pour concevoir et exécuter un plan aussi étendu que le sien? Quelle sagacité n'a-t-il pas été obligé de déployer dans l'art de reconnaître, organiser, discipliner et placer selon leur mérite personnel, cette diversité innombrable de garçons d'INTRIGUE , qui lui ont été nécessaires pour détruire la république romaine , monter sur ses débris, et de son autorité privée, se proclamer le souverain suprême de ces fiers conquérans du monde , qui se prosternèrent à ses pieds, et reçurent ses ordres avec respect et soumission ?

Pour obtenir de pareils succès, il ne suffit pas d'être un habile INTRIGANT : il faut être heureux , favorisé par les circonstances, et un *grand homme d'état*, supérieur aux hasards de la fortune et à toutes les personnes avec lesquelles on se trouve en présence et en rivalité d'intérêt.

Est JULES-CÉSAR qui peut! Mais voulez-vous des INTRIGANS à la douzaine, vous en trouverez partout, cherchant des dupes et attrapant des nigauds. Tous les États en sont farcis; les princes et les valets, les grands et les petits, le clergé, la noblesse, la bourgeoisie, la rôture et la populace, riches ou pauvres, vous en fourniront plus que vous ne pourrez en satisfaire. Ce monde est une arène où on les observe, ligués ou désunis, s'aidant ou se battant entre eux; vainqueurs ou vaincus, ils sont tantôt élevés ou abattus par leurs INTRIGUES, sans jamais se corriger. Cette race est comme celle des ivrognes: *qui a bu boira*. Il faut que l'INTRIGANT *intrigue*, ou qu'il périsse d'ennui, s'il veut rester tranquille, et vivre dans un état si éloigné de son ancien métier d'activité et d'hypocrisie, dont il a contracté l'habitude.

Elle est innombrable la quantité d'INTRIGANS de tous les états, métiers ou professions, qu'on rencontre dans la société, abusant de *la crédulité et de la bonhommie* des gens qu'ils ont séduits et embêtés. Un homme étranger à leurs menées, et indifférens à leurs tours de passe-passe, jouit d'un spectacle assez divertissant à la vue de ces prêtres INTRIGANS, qui abusent de *la crédulité et de la bonhommie* de leurs ouailles dévouées; de ces philantropes INTRIGANS, qui abusent de *la crédulité et de la bonhommie* des imbécilles charitables; des philosophes INTRIGANS, qui abusent de *la crédulité et de la bonhommie* des fats, jaloux d'avoir la réputation d'esprits forts ou de beaux esprits; de ces INTRIGANS en science, en beaux-arts, en peinture, en sculpture et en musique, qui abusent de *la crédulité et de la bonhommie* des ignorans, pour acquérir dans le monde la réputation d'être des génies du premier ordre; et de celles de ces riches amateurs, demi-savans, ambitieux de passer pour des *mécènes*, et de mériter, mieux que lui, le titre pompeux de protecteurs éclairés des sciences et des arts; tout cela vaut de l'argent et donne de la considération à ceux qui vous le promettent; enfin, il y a des INTRIGANS pour tous les goûts. Chaque caractère, chaque préterition, en un mot, chaque homme trouve des gens prêts d'abuser de ses vertus et de ses vices, pour le séduire et l'attraper plus aisément. On se trompe, si l'on croit que les facultés de médecine aient le privilége exclusif de fournir des charlatans. Le monde est plein de ces INTRIGANS qui vantent leur baume et cherchent à vivre aux dépens de ceux qui les accueillent, et dont ils surprennent la confiance.

Il était assez plaisant de voir ces ministres, ces cardinaux, ces personnages considérables, si fiers, si impérieux, et même si impertinens avec leurs subalternes, qui souvent valaient mieux qu'eux, prendre un ton modeste, et devenir humbles, soumis et serviables envers ces messieurs. Ces *petits* grands seigneurs étaient vivement flattés et énorgueillis, lorsqu'ils recevaient des éloges, des bonnes grâces, des coups-d'œil de satisfaction, des marques d'amitié et de familiarité intime de la part de ces adeptes, de cés académiciens, de ces beaux esprits, de ces virtuoses passés maîtres dans l'art de la *jonglerie* qui, tout en faisant des dupes, s'en moquaient, et riaient aux dépens de leurs admirateurs serviles, qu'ils mystifiaient journellement. La révolution a dévoilé beaucoup de ces mystères, ridicules d'un côté, et scandaleux de l'autre.

PÉNÉTRATION, SOUPLESSE, PERSÉVÉRANCE et DISCRÉTION, voilà, en quatre mots, le catéchisme de L'INTRIGANT. La réunion de ces quatre qualités, dans un même individu, est indispensable à l'ambitieux qui vise à jouer un rôle important. Elle n'est pas nécessaire à ces piliers d'antichambre, à ces jockeys de cotteries, à ces *petits* INTRIGANS, solliciteurs infatigables de *petites* places et de *petits* avancemens; à ces gens à *petites* prétentions, et n'ayant que de *petits* moyens pour les faire valoir. Ces pygmées à courte vue, ne sont pas strictement obligés d'être aussi habiles ni aussi réservés que leur chef; et les défauts et les écarts qui perdraient à coup sûr leur maître, peuvent ne pas leur nuire essentiellement. Mais, par leur seule infériorité, ils sont condamnés à se traîner de bas grades en bas grades, jusqu'à une certaine hauteur, qu'ils ne dépassent jamais. Ils arrivent lentement, lourdement, à la fin de leur carrière, avec un sort aussi mesquin que les moyens auxquels ils le doivent : tandis que l'homme supérieur, doué des qualités requises pour être un INTRIGANT par excellence, maîtrise ses protecteurs, les attèle à son char ; il les entraîne et les force de le conduire, sans broncher, à l'accomplissement de ses desirs.

L'INTRIGUE change de caractère selon la position, la nature des affaires et le cercle où vivent les personnes QU'ELLE travaille. Il n'y a pas de groupe d'hommes sans INTRIGUE ; mais ELLE n'est pas la même à la cour qu'à la ville ; sous un despote, que dans un gouvernement représentatif ; à la Bourse, que chez les moines ; dans les sociétés dominées par les hommes, que dans celles où les femmes exercent une puissante influence ; c'est un Prothée, qui se métamorphose de mille manières, pour parvenir plus sûrement à ses fins. Ses formes et ses couleurs sont variables ; mais son fond et sa nature sont constans. Ainsi, les principes que nous avons développés, peut-être avec trop de détail, serviront à démasquer, quel que soit son genre d'INTRIGUE, l'homme qui en vit et en fait profession. Nous venons de le peindre comme un simple particulier, il est temps de le lancer dans la société, et d'observer comme il s'y démènera.

Géronte ne contrarie jamais personne ; il est de l'avis de tout le monde, et pendant les controverses les plus vivement discutées, il reste muet, et ne plaide pour aucun parti.

Mais, de temps en temps, il s'approche avec négligence d'un de ses voisins, et lui dit quelques mots à l'oreille, pour lui persuader qu'il partage sa façon de penser. C'est sa manière habituelle : à moins que, dans ce cercle, il n'y voie des hommes marquans, dont il ambitionne de captiver la bienveillance. La circonstance est trop favorable pour n'en point profiter. Alors, sans laisser percer ses motifs, il se lève et soutient avec chaleur la cause qu'a embrassée l'individu dans l'esprit duquel il veut s'impatroniser avantageusement.

Isolé dans lui-même, au milieu de la foule, L'INTRIGANT y est un observateur impassible, muet; il écoute attentivement ce que disent les autres, et il ne lui échappe aucune parole, ni aucune remarque susceptible de l'éclairer sur le caractère, les goûts et la façon de penser des gens qui l'entourent. Il s'informe avec le même soin de leurs parens et des personnes qui ont de l'influence sur leur esprit et sur leurs démarches; il les étudie à fond, soit avant ou après les repas, soit dans leurs momens tranquilles ou de vivacité, de gaîté ou de discussion sérieuse; il note ses résultats et les combine avec les connaissances qu'il a déjà acquises à leur sujet; et, dans plusieurs occasions importantes, la somme de ces renseignemens lui rend des services inappréciables.

C'était au milieu des sociétés nombreuses, c'était dans ces champs vastes et fertiles, que le *cardinal de Loménie*, le plus habile INTRIGANT et le plus sot ministre que la France ait eu, faisait ses meilleures récoltes. Il y tendait ses piéges, et il en avait imaginé un, si caché et si bien conçu, qu'il y attrapait presque tous les secrets qu'il voulait connaître. Dans une conversation oiseuse et à-propos interrompue, *comme il y en a tant à Paris*, il faisait une question très-indifférente, en apparence, et se réservait à lui seul la valeur qu'il comptait lui donner par la suite. La réponse était soigneusement inscrite sur ses registres. Mais quelques jours après, au milieu d'une causerie à-peu-près pareille à la précédente, mon INTRIGANT hasardait une seconde demande qui paraissait aussi insignifiante que la première, mais qui, sans qu'on s'en aperçût, en était le complément. Le temps écoulé, et le peu d'attention que son interlocuteur mettait dans ces entretiens, l'empêchaient de prendre garde aux feintes et au jeu embrouillé du prélat avec lequel il avait affaire; et dans son incurie, le nigaud ne se méfiant de rien, répondait sans détour à la question qu'on lui faisait. Cet archevêque continuait ainsi, jusqu'à ce qu'il fût initié dans l'entière confidence de son patient, et qu'il eût appris ce qu'il voulait savoir. Il était rare qu'il manquât son coup, et qu'il fût obligé de poursuivre ses recherches jusqu'au quatrième interrogatoire.

Qu'un INTRIGANT acquiert de force sur une personne qui a quelques prétentions si, d'un coup-d'œil, il pénètre son cœur, et s'il est assez souple pour, sans l'incommoder, s'y loger, et chatouiller adroitement ses humaines faiblesses ! De ce poste important il saisit sa dupe, il en observe les mouvemens, s'insinue dans ses pensées, attrape ou devine les secrets les plus cachés des démarches antérieures et des vues futures de son captif. Devenu son gendarme, sous prétexte d'être son ami sincère, il se garde bien de lui rendre confidence pour confidence; il se contente de lui en faire de fausses de temps en temps, et à-propos; et, à l'ombre d'une profonde dissimulation, il feint d'épouser les intérêts de son prisonnier, de partager ses craintes et ses espérances; et il ne perd aucune occasion de flatter l'amour-propre et d'exagérer les sujets d'effroi de son compagnon. S'il est assez heureux pour le réduire à cet état, il ne l'abandonne plus, il marche au même pas et dans le même sens que l'homme auquel il veut plaire et s'attacher, en attendant qu'il puisse le maîtriser. Ils cheminent long-temps ensemble: mais si l'INTRIGANT y trouve son intérêt, il dévoie peu à peu, et sans qu'il s'en aperçoive, son ami trop confiant, de la route que le bon sens lui prescrit de tenir, et le conduit dans des défilés et des terrains difficiles, dont il ne peut plus sortir, s'il ne se soumet pas entièrement à la disposition de son ravisseur.

Pris dans le piége, les INTRIGUES les plus embrouillées enveloppent et garottent le bonhomme, avec des fils flexibles et inextricables qui le forcent d'agir, comme son courtisan devenu son seigneur, le lui commande. Ce ci-devant protégé est maintenant un guide irrévocable dont il ne peut plus se passer dans le labyrinthe où il se trouve engagé. On le mène alors comme un enfant; il n'ose hasarder aucune résistance, et il est obligé de se soumettre en aveugle aux conseils impérieux de ce nouveau maître, que lui ont donné sa trop grande crédulité et ce penchant irrésistible qui nous lie au flatteur, qui sait nous caresser et nous épouvanter à-propos.

Si vous avez une affection ou une crainte qui vous domine exclusivement à toute autre considération, et sur laquelle vous n'entendiez pas raison, gardez-vous de la laisser apercevoir; car si un INTRIGANT la découvre, il vous tient, et vous mènera loin. Il vous attaquera par ce côté faible, et obtiendra de nombreux avantages sur vous. *Emmanuel-Pinto*, grand-maître de l'ordre de Malte, plein de sagacité, de pénétration, d'une imagination vive, d'une conception étendue, d'un esprit actif, souple, ferme et adroit en même temps, et susceptible des vues les plus éle-

vées, fut un des princes qui régnèrent dans le XVIIIe siècle, le mieux doué de qualités royales. Chef d'un gouvernement très-circonscrit, qu'il n'y avait qu'à conserver in-
tact, et qui, d'ailleurs, était réglé depuis long-temps, par
une routine invariable, son génie se trouvait trop à l'étroit
dans un cercle d'occupations, si petites à ses yeux, qu'elles
étaient incapables de suffire aux besoins d'une tête ardente
et pleine de projets comme la sienne. Aussi, l'égara-t-elle;
et, à défaut de réalité, elle adopta une chimère. Il eut la
fantaisie de se faire élire *roi de Corse*, avant la conquête
que Louis XV en fit, en 1769. Ce caprice, devenu passion
impérieuse, domina tellement les facultés de son intelligence, qu'il obscurcit son jugement qui était sûr et clair-
voyant en toute autre occasion. Quelques-uns de ces insu-
laires, peut-être ceux qui avaient été assez fins pour lui en
suggérer l'idée, flattèrent son ambition, entretinrent des
correspondances actives avec lui qui augmentaient journellement ses espérances. Ils l'engagèrent à commettre plusieurs injustices et passe-droits en faveur de leurs protégés, et
lui firent faire mille extravagances : enfin, ces INTRIGANS lui
mangèrent beaucoup d'argent, et le traitèrent exactement
de la même manière que les filles de l'Opéra ont coutume
de se conduire avec les imbécilles qu'elles ont rendus es-
claves de leurs charmes. Si un *politique* aussi habile et aussi
astucieux que le grand-maître *Emmanuel-Pinto* y a été at-
trapé, que ne doivent pas craindre les autres?

Qu'on me pardonne ici une petite digression qui, s'écar-
tant un peu de mon sujet, n'est pourtant pas sans importance. Supposons que la divine Providence eût permis que
le grand-maître *Hompech* eût rempli le règne de *Pinto*, et
que celui-ci se fût trouvé le chef des chevaliers de Malte,

au moment de la révolution; cet ordre eût peut-être suc-
combé, mais il eût péri avec gloire. L'esprit d'*Emmanuel-
Pinto* se trouvant de niveau avec la hauteur des circonstances, cet homme extraordinaire aurait sans doute fait des
choses étonnantes avec les petits moyens que ses confrères
lui avaient confiés. Ces suppositions, ces transpositions de
temps et de princes peuvent s'étendre plus loin, se trans-
porter sur d'autres lieux à des époques contemporaines
au règne du grand-maître *Pinto*, et présenter des résultats
à-peu-près pareils. Je crois fermement que l'histoire de
l'Europe rapporterait une série d'événemens bien différens de ceux que nous avons vus, si, au lieu d'éclater
dans l'intervalle de 1780 à 1800, les explosions de la révolution française se fussent manifestées vingt ou quarante
ans plus tôt.

Revenons aux INTRIGANS, dont nous ne nous sommes
pourtant pas éloignés en parcourant les diverses cours de
l'Europe, comme elles étaient dans le XVIIIe siècle. Si l'on
consulte ces hypocrites sur une affaire nouvelle, ils exami-
nent, avant tout, s'il leur convient mieux de la finir ou de
la traîner en longueur, de l'éclaircir ou de l'embrouiller;
et le parti le plus avantageux qu'ils en pourront tirer pour
leurs intérêts particuliers. Ils suggèrent des doutes, font naître des incidens, engagent dans de fausses démarches, et
ne manquent jamais de moyens ni de prétextes de prolon-
ger et compliquer cette affaire, et d'embourber l'individu
confiant et de bonne foi dans une foule d'embarras inextricables et dont eux seuls ont la clef. Êtes-vous cet homme?
vous vous croyez perdu sans ressource, si L'INTRIGANT, votre ami intime, vous abandonne et cesse de vous continuer
ses avis amicaux et désintéressés, à ce qu'il dit. La dupe

alors est prise dans les filets de son conseiller officieux, il la retient sous sa main, tant que cela lui paraît nécessaire pour ses intérêts, et, pendant ce temps-là, il en fait ce qu'il veut. Dès ce moment, la présence de cet INTRIGANT vous paralyse, comme la vue de la vipère engourdit le petit oiseau, et le force de venir, malgré lui, se faire dévorer dans la bouche de ce serpent, pour y assouvir son appétit. Le venin qui émane des yeux de cet être rampant pénètre vos organes, corrompt les sucs de votre système nerveux, et anéantit vos facultés morales. Il ne vous est plus permis d'avoir d'affections, ni de volonté, et vous en êtes réduit à n'être que le *prête-nom* de vous-même. Etes-vous évêque? cet ami prétendu devient votre coadjuteur. Avez-vous des bénéfices? vous les lui résignez. Une famille chérie vous entoure-t-elle? vous la déshéritez par testament, donation ou vente simulée, qu'il fait dresser sous sa dictée. A-t-il besoin d'un crime? il vous le fait commettre, et se tient à l'écart pour n'être pas compromis. Enfin fussiez-vous le prince le plus puissant de la terre, vous êtes toujours prêt à faire, signer et obéir ponctuellement à toutes les ordonnances qui vous seront prescrites par L'INTRIGANT qui vous a emmailloté.

Ce genre D'INTRIGUES, répandu avec profusion dans une société, et exercé par des mains habiles, y désunit nécessairement les familles, désorganise les corporations les mieux composées, et enfante cette quantité prodigieuse *d'intrus* frauduleux, usurpateurs impitoyables des droits et des places des titulaires légitimes. Les corps perdent de leur force, et les ressorts de l'État se relâchent et s'affaiblissent en proportion. La France, *où rien n'est fixe, et allonge qui peut*, comme l'observe très-bien Loyseau, jurisconsulte du XVIe siècle, en est un exemple. Un royaume qui, selon l'heureuse expression de M. *Bertin-de-Vaux* (1), a constamment été gouverné par des lois et des hommes *provisoires*, et dans lequel chaque ministre, chaque chef de corps arrivait en place, avec la ferme résolution de faire du nouveau, *sans savoir ce qu'il ferait, ni ce qu'il faisait*, était la terre promise aux INTRIGANS de l'espèce dont nous venons de nous occuper ; de ceux qui, sachant se lier avec leur supérieur, et s'impatroniser chez lui, profitent de sa faiblesse et de son ignorance, pour le diriger à leur fantaisie et commander en son nom.

Les règles routinières des corps où ils étaient subalternes ne convenaient pas à ces INTRIGANS, elles retardaient trop leur marche. Il ne manquait pas de se trouver, parmi ces sous-ordres, des gens instruits et de mérite, qui étaient ambitieux de jouer un rôle distingué et d'occuper une bonne place dans l'administration où ils servaient : c'est pour cela qu'ils proposaient de la perfectionner ou de la régénérer complètement, dans l'espoir de retirer de grands avantages personnels, si l'on exécutait les projets qu'ils présentaient et qu'ils appuyaient si vivement.

Jaloux de s'avancer rapidement, ils peignaient avec art les défauts de l'organisation de leurs corps, ils en exagéraient les inconvéniens, les abus qu'ils entraînaient, et les torts qui en résultaient pour le bien du service. Ils citaient des faits, ils rappelaient des anecdotes à l'appui de leur critique ; et ils étaient soigneux de les arranger, de les controuver et de les présenter sous les points de vue les plus favorables à leur systême d'incrimination. C'est une ignorance, une insubordination, un désordre universel,

____

(1) Voyez la séance de la Chambre des députés, du 12 avril 1821.

en un mot, c'est un corps, une administration totalement perdus, si l'on tarde d'attaquer les vices inhérens à son régime actuel, par des remèdes prompts et violens; et le seul qui soit infaillible, et dont le succès est certain, est celui que j'ai l'honneur de proposer à MONSEIGNEUR.

C'est le langage usité de ces INTRIGANS.

On ne saurait croire à quel point les *petits* esprits avaient poussé en France l'art de faire valoir les *petites* choses, et de persuader les ministres avec de *petites* raisons. A CES CAUSES : OUÏ LE RAPPORT DE L'INTRIGANT ; Monseigneur demandait qu'on lui présentât un mémoire pour la forme, accompagné d'une ordonnance toute faite, qu'il signait sans la lire et sans en comprendre les motifs, ni en calculer les résultats définitifs. Les détails et la suprématie de son exécution étaient, de droit, confiés à son rédacteur ; et il en avait si bien combiné les articles, qu'ils élaguaient ses anciens, ses contradicteurs, de manière qu'il restait seul, avec ses partisans ou ses satellites, chef souverain, de fait et de droit, de la branche du gouvernement dont il avait été le législateur.

De pareils exemples fourmillent dans nos histoires. Le duc de Choiseuil, après la paix de 1763, bouleversa infanterie, cavalerie, artillerie, et les remit à la discrétion de ces novateurs, dont quelques-uns avaient du mérite, et d'autres n'en avaient point. Vers 1776, le comte de Saint-Germain, ministre de la guerre, traita de même la maison du Roi, le corps des ingénieurs militaires, et presque généralement la totalité des administrations qui dépendaient de son département. La marine ne fut point exempte de ces variations de formes et de principes, tant dans son régime intérieur, que dans les diverses parties qui la regardent spécialement. Lorsque j'aurai le temps d'écrire une douzaine de volumes *in-folio*, je m'amuserai à composer une histoire détaillée de ces INTRIGANS, de leurs projets, des suites des essais qu'on en a faits, et des biens et des maux dont ils ont été la cause, dans cette arme seulement, depuis mon entrée au service, en 1768.

Ces désorganisations et ces réorganisations successives, et coup sur coup, faites par des INTRIGANS et pour des INTRIGANS, produisent quelquefois un peu de bien et toujours beaucoup de mal; elles détruisent un abus, dont les torts sont connus et appréciés depuis long-temps à leur juste valeur, et elles en créent mille nouveaux dont il est impossible de prévoir ni de calculer les conséquences; elles ont l'apparence d'économiser quelques centaines de mille livres, et elles nécessitent des changemens d'uniforme, des refontes d'artillerie, des constructions d'un nouveau genre, des renouvellemens généraux d'usines, d'ateliers, de procédés, d'édifices et d'établissemens de toute espèce, qui coûtent des millions; elles placent parfois de bons officiers, et mettent une infinité de fats, légers et ignorans, à la tête des corps, que ces chefs achèvent de désorganiser dans le plus grand détail; elles favorisent l'émulation des jeunes gens et dégoûtent les anciens officiers, les vieux serviteurs, des personnes éprouvées qui, par leurs talens, la ponctualité à remplir leurs devoirs, leur vie sans tache, souvent entremêlée d'actions glorieuses, méritaient la confiance de leur souverain, et avaient obtenu le respect du public, la vénération de leurs subordonnés, et qui, par leur seule présence, entretenaient les principes d'honneur, de fidélité et de désintéressement parmi leurs camarades; elles réforment des officiers sûrs et dévoués, et substituent à leur place des égoïstes sans moralité; enfin, elles peuvent, en certaines occasions, resserrer les liens d'une discipline peut-être trop relâchée; mais leurs effets certains et journaliers sont d'affaiblir et de finir par rompre les liens d'amour et d'estime qui doivent unir les inférieurs avec leurs supérieurs, et les égaux en-tr'eux; et d'augmenter, en même temps, dans la masse de la nation, l'influence puissante de L'INTRIGUE, et le nombre des INTRIGANS bouleversateurs.

Mais il y a des esprits supérieurs qu'on ne mystifie pas aisément, de ces caractères impérieux qui ne souffrent pas qu'on les assujettisse, et qui aiment mieux rompre, à tout risque, que de se laisser mener. Si ces qualités sont réunies au pouvoir, on ne trompe pas deux fois impunément les hommes qui les possèdent. Dès le premier pas que vous faites pour les subjuguer, ils devinent vos intentions, et vous dé-goûtent de tenter de nouveaux essais de ce genre, s'ils ne vous mettent pas dans l'impossibilité d'en recommencer un second. L'INTRIGANT *souple et pénétrant* change alors son système de conduite, et il varie son ordre de marche, selon les sentimens bien connus du chef dont son sort dépend. Il renonce aux avantages de commander, et se soumet avec complaisance aux volontés des autres. Il ne songe qu'aux moyens d'acquérir la confiance de ses protecteurs, et de s'en faire remarquer avec distinction. Ses INTRIGUES se dirigent vers ce but unique, et il les emploie à seconder, le mieux qu'il lui est possible, les vues ultérieures de ses patrons.

Les plus grands hommes, les caractères les plus fermes et les plus opiniâtres dans la poursuite de leurs entreprises, sont aussi les plus susceptibles de se voir dominés par des idées créatrices, par des projets prépondérans, qui les absorbent, et auxquels ils tiennent autant, et quelquefois plus, qu'à leur existence personnelle. C'est en s'ancrant sur leur *marotte*, en partageant avec ardeur et sans réflexion la haute opinion qu'ils en ont, en vantant et en soutenant leur importance et leur sublimité envers et contre tous ; c'est en n'épargnant ni soins ni peine à montrer à leurs yeux le zèle, l'activité et l'intelligence que l'on met à presser l'ouvrage et à exécuter avec perfection les plans qu'ils ont conçus ; c'est avec ces moyens, suivis avec adresse et persévérance, que vous vous insinuerez avantageusement dans l'esprit de ces grands personnages ; que vous y entrerez avec une bonne réputation, que vous enleverez leur confiance, et que vous leur persuaderez que vous êtes un sujet précieux, un homme nécessaire, indispensable, dont ils ne peuvent pas se passer ; enfin vous deviendrez leur ami, leur confident intime, et vous les rendrez les artisans les plus actifs de votre fortune. *Menzicoff*, garçon pâtissier à Moscou, devint le seigneur le plus puissant de la Russie, en flattant *les idées créatrices* et les projets favoris de PIERRE-LE-GRAND, et en travaillant à leur exécution en collaborateur zélé et intelligent ; par la même voie, *Catherine*, servante d'un vivandier, parvint à la souveraineté de cet empire immense, qui menace d'engloutir tous les autres.

Ce genre D'INTRIGUE est très-puissant : il n'a qu'un défaut, c'est d'exiger, de part et d'autre, des hommes faits exprès pour qu'il réussisse. Henri IV et Sully, Louis XIII et le cardinal de Richelieu, Louis XIV et Louvois, en sont des exemples tirés de nos annales : peut-être qu'en remontant plus haut, on en trouverait davantage ; mais, en général, ils sont clair-semés dans les vastes champs de l'histoire.

Ce sont ces mélanges de haut et de bas, ces intimités des premiers personnages de l'aristocratie d'un royaume, avec des sujets des dernières ou des avant-dernières classes de la société, ce sont ces alliances, si disproportionnées par le rang respectif des personnes qui les composent, qui ont servi de marche-pied à tant D'INTRIGANS pour devenir révolutionnaires, et monter des plus bas étages aux plus hautes dignités. Ces liaisons dangereuses et impolitiques ont élevé quelques *petits*; mais ils sont prodigieux la quantité de *grands* qu'elles ont abaissés, et le nombre de *révolutions* qu'elles ont préparées.

Les INTRIGUES sont des maux inévitables dans les sociétés humaines. Mais une administration prudente doit toujours porter ses efforts pour affaiblir les suites funestes de leur influence politique, et travailler sans relâche à diminuer considérablement le nombre des INTRIGANS qui l'infestent dans le courant de sa gestion. On parviendra facilement à remplir ce devoir indispensable, en conservant, avec un scrupule religieux, les institutions et les formes de son gouvernement, et en ne laissant à l'*arbitraire* que le moins possible de grâces et d'emplois à distribuer.

FIN DU CHAPITRE PREMIER.